複数解法提示による算数の学習促進効果

混み具合比較課題を用いて

河﨑美保 著 Miho Kawasaki

ナカニシヤ出版

まえがき

　本書は，授業で算数文章題の解法を学習する時に，繰り返し規範的な解法を取り上げるよりも，異なる解法を取り上げる方が学習を促進するかを検討したものである。小学5年生を対象に実験的な授業を行った6つの研究の成果をまとめている。

　現在の日本の小学校の算数授業は，「課題把握・自力解決・集団解決・まとめ」で構成されることが多く，初めから規範的な解法を教師が解説することはほとんどない。児童が「自力解決」の時間に考える解法には規範的なものもあれば非規範的なものもあり，それら異なる解法が「集団解決」の時間に児童から発表され，クラスで検討することが望ましいと考えられている。しかし，実際には集団解決時の解法の検討が一部の児童と教師の間で行われがちであるとの指摘もあり，多様な解法を授業で取り上げることが学習を促進する効果をもつという主張には実証的な根拠が不足している。

　そこで本書では，自力解決後の児童による多様な解法の発表を「複数解法提示」という方法によって模擬的に再現した実験的な授業を行い，その学習促進効果を教育心理学的に検討した。複数解法提示とは，1つの問題に対する複数の解法を提示することである。本書の場合，教科書に照らせば正しいとはみなしにくい非規範的な解法と，教科書に示されている規範的な解法という2種類の解法を複数の解法として取り上げた。研究の手続きとしては，小学5年生のクラスで，子どもたちに文章題を提示し各自で解いてもらった後，上記の複数の解法を同年代の子どもが説明するビデオを順に提示した。そして，複数の解法ではなく規範的解法を2度提示（単一解法提示）した他のクラスと比較して，最終的な規範的解法への理解に差が見られるかを検討した。このような研究の枠組みによって，本書のタイトルにある「複数解法提示による算数の学習促進効果」を検証した。

　本書で報告する6つの研究では一貫して「混み具合比較課題」を学習課題と

して用いた。これは2つの花壇の混み具合をそれぞれの花壇の面積と咲いている花の数から比較する課題である。本書では，規範的解法として1㎡あたりの花の数を除法により求めて比較する単位あたり解法を取り上げた。また，非規範的解法として，2つの花壇の面積の差と花の数の差を求めて判断するひき算解法を取り上げた。例えば，面積5㎡，花25本の花壇Aと，面積7㎡，花28本の花壇Bを比較する場合，7－5より2㎡の差，28－25より3本の差を求め，ここからどちらの花壇がより混んでいるといえるか判断するのがひき算解法である。

　ひき算解法は先行研究でも子どもの採る解法の1つとして知られていたが，著者にとっては，本書の研究1で報告する実験授業において，この解法を用いて自らの考えを説明した児童との出会いがあったことが，特に以降の研究で継続して取り上げるきっかけとなったと言える。上述のとおり，本書の各研究では，ビデオによる解法提示手続きを用いたが，一連の研究を開始した研究1でのみ，その手続きを用いず，実際に各クラスの児童の中からひき算解法と単位あたり解法を1名ずつ指名して発表してもらった。また，当初は，面積の差と花の数の差を求めていれば，その後，どのように判断していてもひき算解法を用いているとみなし，発表者に指名することとしていた。その結果，ひき算解法で正しい判断を説明した発表者が1クラスでのみ見られた。ところがその説明内容が他のクラスのひき算解法の発表と質的に異なると考えられた。そこで研究1では，非規範的解法の発表としてはひき算解法で誤答を導く発表がされたクラスのみを対象としたという経緯がある。ひき算解法で誤答を導く場合，例えば先ほどの2つの花壇（5㎡25本と7㎡28本）の比較であれば，面積の差の「2」と花の差の「3」を，単位を無視して直接比較し，面積は2しか変わらないが花は3も増えているから後者の花壇の方が混んでいると考える。これに対して，ひき算解法で正答を導いた上記の児童の説明は，「花壇Aと同じ5㎡を花壇Bに当てはめて，その花壇Bの5㎡の中に25本の花があるとして，残りの2㎡の中に3本の花を入れるとすると，2㎡に3本の花を入れたところには余裕がある。よって，全体を均等に分けていくと花壇Aより花壇Bの方が余裕がある」というものであった。

　このように，規範的解法としての単位あたり解法は解が一義的に決まるのに

対し,ひき算解法は差をどのように扱うかによって誤答にも正答にもつながる。ここにこの解法の面白さがある。視点を転じれば,スーパーで商品を買う様子を観察するなどして成人が日常どのように計算を行っているかを調査した中で,価格を比較する際に,単価計算よりも差の算出（x 円で y ml 多く買えるなど）を用いる比率が高いことを示した研究がある（Lave, 1988）。このように,ひき算解法は用いようによっては一定の理があり日常認知に適合した解法と言えるのである。

　本書では,以上のような枠組みと課題・解法によって,複数解法提示による学習促進効果が生じやすい条件や効果のメカニズムを明らかにした。ただしこうした知見は,ここで述べたひき算解法のもつ特性・魅力と無関係とは言えないであろう。本書が授業における根拠ある学習方法の選択に寄与すると共に,多くの方に複数解法提示のもつ効果の解明に関心をもっていただくことにつながり,他の課題・解法で検討されるなど研究がさらに進展するならば,著者として誠に幸いである。

文　献

Lave, J.(1988). *Cognition in practice*. New York: Cambridge University Press.（無藤　隆・山下清美・中野　茂・中村美代子（訳）（1995）. 日常生活の認知行動. 東京：新曜社.）

目　次

まえがき　*i*

第 1 章　序　　論 ……… 1
第 1 節　複数解法提示による学習促進効果に関する諸研究と本書の課題
　　　　　　　　　　　　　　　　　　　　　　　　　　　　　……… 2
　　1.1.1.　教室における複数解法提示　2
　　1.1.2.　複数解法提示に関する先行研究　3
　　1.1.3.　非規範的解法を含む複数解法提示に関する先行研究　6
　　1.1.4.　算数授業における複数解法の検討方法　11
　　1.1.5.　本書で使用した課題　14
第 2 節　本書の目的と構成　　　　　　　　　　　　　　　　 ……… 16

第 2 章　聴き手の解法が複数解法提示からの学びに及ぼす影響 ……… 19
第 1 節　本章の目的　　　　　　　　　　　　　　　　　　　 ……… 20
第 2 節　研究 1：規範的解法理解に対する聴き手の解法の影響　 ……… 20
　　2.2.1.　目　　的　20
　　2.2.2.　方　　法　23
　　2.2.3.　結　　果　29
　　2.2.4.　考　　察　34
第 3 節　研究 2：複数解法の再生・評価に対する聴き手の解法の影響
　　　　　　　　　　　　　　　　　　　　　　　　　　　　 ……… 38
　　2.3.1.　目　　的　38
　　2.3.2.　方　　法　40
　　2.3.3.　結　　果　43
　　2.3.4.　考　　察　51

第4節　本章のまとめ ……… **55**

第3章　複数解法提示からの学びを促す支援 ……… **57**
第1節　本章の目的 ……… **58**
第2節　研究3：疑問感の生成を促す教示の効果 ……… **58**
 3.2.1.　目　　的　58
 3.2.2.　方　　法　59
 3.2.3.　結　　果　61
 3.2.4.　考　　察　63
第3節　研究4：説明活動による複数解法理解—描画の分析 ……… **65**
 3.3.1.　目　　的　65
 3.3.2.　方　　法　66
 3.3.3.　結　　果　69
 3.3.4.　考　　察　72
第4節　研究5：説明活動の効果—評価活動との比較 ……… **74**
 3.4.1.　目　　的　74
 3.4.2.　方　　法　81
 3.4.3.　結　　果　84
 3.4.4.　考　　察　92
第5節　本章のまとめ ……… **94**

第4章　複数解法提示からの学びを促す協調の効果 ……… **97**
第1節　本章の目的 ……… **98**
第2節　研究6：ペアによる複数解法説明活動の効果 ……… **99**
 4.2.1.　目　　的　99
 4.2.2.　方　　法　99
 4.2.3.　結　　果　100
 4.2.4.　考　　察　109
第3節　本章のまとめ ……… **110**

第5章　総合考察	………111
第1節　研究結果の総括	………112
5.1.1.　はじめに　112	
5.1.2.　まとめと意義　112	
第2節　複数解法の説明活動による学習促進メカニズム	………116
5.2.1.　自分と同じ解法を含む複数解法提示による学習促進メカニズム　116	
5.2.2.　単独での複数解法説明活動による学習促進メカニズム　117	
5.2.3.　ペアでの複数解法説明活動による学習促進メカニズム　117	
第3節　教育実践への示唆と今後の課題	………119
5.3.1.　教室におけるペアでの説明活動の意義　119	
5.3.2.　今後の課題　120	
引用文献	………121
付　　録	………127
本書と公刊論文の対応	………131
あとがき	………133
索　　引	………137

第1章
序　　論

授業の中で異なる考えを出し合うことが，理解をいかに深めうるか。特に，非規範的な考え方が出されたとき，他の児童らはそれをいかに聴き，学習のリソースとするのか。また，これを促すためにどのようなことが必要となるのか。本書では，これらの問題に対し，児童が他者の非規範的な考えを自分に関わるものとして見る準備状態を有し，かつ，それを再構成する学習機会が設けられているときに，学びが促進されうることを示す。

　具体的には，算数授業における非規範的な解法の発表からの学びは，各児童が提示されたものと同じ非規範的解法を使っているときに促進されやすいことを明らかにする。また，「なぜその解法で答えが出るか」を説明する活動を規範的解法だけでなく非規範的解法についても行うことが，規範的解法のみを対象とする場合に比べ，高い学習成果をもたらすことを明らかにする。

第1節　複数解法提示による学習促進効果に関する諸研究と本書の課題

1.1.1.　教室における複数解法提示

　日本の初等教育における算数授業では，1つの問題に対し複数名の児童が自ら考えた解法を発表し，よりよい考え方を学習しようとする「練り上げ」授業が採られることが多い。算数・数学授業の国際比較を行った Stigler & Hiebert（1999）は，日本の授業の基本型が教師による問題の提示，児童による自力解決，何名かの解法の発表から構成されることを明らかにしている。1つの問題への多様な解法が児童から発表され，教師からの明確な正誤のフィードバックがない中で，児童が主体となって意見を出し合いながら解法を精緻化していく授業が頻繁に行われるのである。こうした授業では，誤った解法が発表されることもあるが，議論に参加せずに「黙って」聴いている児童がそこから何を学んでいるのかについて検討した研究は少ない。例えば，正しい解法を安定して使える段階にない児童にとって，誤解法を聴くことはさらなる混乱につながるとの懸念もあるが（菊池，2006），これに対して，実証的に応えられるような実践研究は少ない。誤解法を巧みに活用した授業実践報告（例えば，糸井・西尾，1977）は数多くあるが，そこで各児童にどういう学びが起きていたかを仔細に検討した研究が少ないためである。

例外的に，Inagaki, Hatano, & Morita（1998）が異分母分数の足し算を題材に仮説実験授業を行い，正誤両方の解答を支持する議論に触れる中で，授業で発言しなかった児童でも授業後の理解度が高く，他児童の発言を正確に記憶できたという結果を示している。Inagaki らは，この結果を，授業中に無発言の児童でも他児童の発言に耳を傾け，自分の意見と比較して無言の内に賛否を加えつつ，自分の意見に取り入れるような聴き方をしているためであると解釈した。これは示唆的な解釈であるが，Inagaki らは議論聴取時の各児童の認知活動を同期的に把握できるデータや各児童の準備状態を把握できるデータを採取していないため，その妥当性は未検証のままである。現実的な教室場面に精緻な実験操作を持ち込んで誤解法聴取の効果およびそのメカニズムを同定する研究が求められていると言えよう。こうしたメカニズムが提案できれば，どのような準備状態の児童にいかなる解法を提示すればよいかの提言も行えるであろう。

　そこで本書は，日本の算数授業を構成する要素の１つである「非規範的解法」を含む複数解法提示が，算数学習に対してどれほどの影響をもちうるのかを直接検討すること，およびそのメカニズムを明らかにすることを目的とする。教科書で解説される規範的な解法以外の根拠の不明瞭な解法や誤解法，インフォーマルな解法を総称して，本書では非規範的解法と呼ぶ。

1.1.2. 複数解法提示に関する先行研究

　単一の事例提示に比べて複数の事例提示が対象への理解を促進することは，知覚学習の領域においてよく知られるが（Bransdford, Franks, Vye, & Sherwood, 1989），同様の効果を算数・数学領域において実証的に明らかにしようとする研究は，近年になって見られるようになった（Große & Renkl, 2006, 2007；Rittle-Johnson & Star, 2007, 2009；Rittle-Johnson, Star, & Durkin, 2009；Sielger, 2002；Star & Rittle-Johnson, 2009）。これら以前には，算数・数学領域における「複数解法」への注目は，学習者が新しい解法を発見する前兆として，複数の解法を使用する段階が見られるという点にあった（レビューとして Siegler, 2006）。

　なぜ新たな解法の発見の前兆として複数解法の使用が見られるのかを考察し

た Crowley, Shrager, & Siegler（1997）の解法発見モデルによれば，複数の解法を使い始めると解法間の比較を通じて各解法が構成要素レベルに分解（decompose）され，構成要素の組み替えが起こることで新しい解法の発見につながると考えられている。なぜならば，1つ1つの解法はいくつかの操作から構成されるが，ある問題に対し適用される解法がただ1つである場合には，その解法の複合性は表象されにくい。これに対し，同じ領域の問題に対する複数の解法の間で比較を行うことは，それぞれの解法が各操作の選択の集積として表象されることにつながる。解法がそれを構成する操作に分解されることで，各操作がもつ機能の把握が進む。こうしたプロセスを経て，課題の解決という最終目標を達成するためのよりよい諸操作の組み合わせ，すなわち新しい解法の発見につながると考えられている。

　このように，個人内で複数の解法を使い始めることが解法の構造と機能について新たな気づきを生むという点で，複数解法には学習を促進させる効果があることは示唆されているが，自ら複数の解法を使う場合でなく，他者から複数解法が提示された場合にも同様に学習に促進的な働きをもちうるのであろうか。この複数解法提示の学習促進効果に対する関心は近年高まりを見せ，いくつかの研究が行われている（Große & Renkl, 2006；Große & Renkl, 2007；Rittle-Johnson & Star, 2007, 2009；Rittle-Johnson et al., 2009；Sielger, 2002；Star & Rittle-Johnson, 2009）。これらの研究を，学習目標，対象学年，題材，解法バリエーションのタイプについて分類し，Table 1-1に示した。全体として，中等教育段階以上の学年を対象とした研究が多く，題材は数と式の領域への偏りが見られる。さらに非規範的解法を敢えて提示する効果を検討している研究は2例（Große & Renkl, 2007；Siegler, 2002）のみである。

　まず，Table 1-1に示した7つの先行研究の内，最初の5つは，複数の正解法が使用できるようになることを学習目標として複数の正解法を学習者に提示した研究である。1つの問題に対して複数の正しい解法が使用できるようになると，解法間の相互補完性や誤った解釈を回避できるという相互制約性により（Ainsworth, 2006），課題成績の向上が見込まれる。例えば，Große & Renkl（2006）は樹形図と数式という2つの解法を扱っているが，これら表示形式の異なる解法の併用には，図が抽象的な処理である数式の操作の意味理解を補

Table 1-1 複数解法提示の学習促進効果を検討した先行研究の分類

先行研究	対象学年	題材	解法バリエーションのタイプ
学習目標①：複数の正解法の学習			
Große & Renkl（2006）	大学生	実験1：場合の数	正解法2種類；樹形図，数式（積の法則）
		実験2：確率計算	同上
Rittle-Johnson & Star（2007）	7年生	一次方程式	正解法2種類；分配法則先行型結合法則先行型
Rittle-Johnson & Star（2009）	7，8年生	同上	同上
Rittle-Johnson, Star, & Durkin（2009）	7，8年生	同上	同上
Star & Rittle-Johnson（2009）	5，6年生	かけ算の概算	正解法3種類；[例]13×27について，・10×30（ともに四捨五入）・10×27, 13×30（片方を四捨五入）・10×20（ともに切り捨て）
学習目標②：未習の正解法の学習			
Sielger（2002）	3，4年生	等式	正解法と誤解法
Große & Renkl（2007）	大学生	確率計算	正解法と誤解法

い，誤りを回避させるなどの利点がある（Koedinger & Tabachneck, 1994；Tabachneck, Koedinger, & Nathan, 1994）。あるいは，Rittle-Johnson ら（Rittle-Johnson & Star, 2007, 2009；Rittle-Johnson et al., 2009）のように，問題に応じて分配法則と結合法則を使い分けることで解決のステップが短縮され計算ミスの可能性も低くなる可能性がある。複数解法の使用には，さらに，解法同士を相互に結びつけ，新たな視点から解釈することで，一般化・抽象化できるという概念理解の面での向上も期待される（Ainsworth, 2006）。例えば，Rittle-Johnson & Star（2007）らが用いる一次方程式の複数解法を通して，変数についての理解が高まるといった利点を期待できる。具体的には，これらの研究では，$2(x+1)+3(x+1)=10$を単純に分配法則で展開するのではなく，$5(x+1)=10$のように，複合変数 $(x+1)$ について結合法則を適用して解くこともできることを学習することで，単一の文字（x など）以外も同等に変数として扱えるというように，変数概念が拡張されることがねらいとされている。

以上，複数の正解法の学習を学習目標とし，解法レパートリーを増やすことをねらいとする点で共通する5研究は，必然的に正しい解法のみを複数提示した場合を検討している。また，複数解法を提示しなければ，複数解法が使えるようにはなりにくいという結果は容易に想定されることから，比較条件として，複数解法を提示するか単一の解法のみ提示するかではなく，複数解法を同時に対提示するか，一度に1つずつ継時的に提示するか，という条件が設定され，提示形式の違いによる影響が主要な関心となっている。継時的提示の場合，それぞれの解法についての学習機会はあるが，同じ問題をいずれの解法でも解けるという事実の顕在性が低くなるため，対提示ほどの効果は見込めないという可能性が検討されているのである。以上の研究から現段階で得られている結果は，複数解法の明示的な対提示は非明示的な継時的提示よりも有効であるが，題材の難易度が高い場合（Große & Renkl, 2006）や，提示される複数解法の内1つも事前に使っていないなど学習者の既有知識が少ない場合（Rittle-Johnson & Star, 2007, 2009 ; Rittle-Johnson et al., 2009 ; Star & Rittle-Johnson, 2009）には複数解法の対提示の優位性は認められないというものである。

　一方，Table 1-1 の下方2つの研究（Große & Renkl, 2007 ; Siegler, 2002）は，未習の正解法の学習を目標として正解法と誤解法の2つを提示することの効果を検討したものである。これらは，日本の算数授業を構成する要素の1つである「非規範的解法」を含む複数解法提示の学習促進効果に示唆を与える数少ない先行研究と言える。誤解法であっても構成要素レベルでは妥当な操作が部分的に含まれると考えると，先述の Crowley et al.（1997）に依拠した形で複数解法のメリットが発揮され，正解法の学習を促進する可能性はある。そこで上記2研究を精査し，本書の研究目的を明らかにする。

1.1.3. 非規範的解法を含む複数解法提示に関する先行研究

　上述のとおり（Table 1-1），算数・数学の領域における非規範的解法提示の学習促進効果を検討した数少ない実験的研究として，Große & Renkl（2007）と Siegler（2002）がある。これらによると，正誤両解法の提示は，正解法に関わる基礎事項の知識を有する学習者に効果があることが示唆されている

(Große & Renkl, 2007)。しかし, 事前に誤解法を利用する学習者に対する効果は部分的に見られるのみか (Siegler, 2002), 不明瞭なものであり (Große & Renkl, 2007), 確定的な結論が得られていない。これは, 従来の研究では, 学習者の事前の解法と提示する解法との一致・不一致を実験的に操作していないためであると考えられる。そこで以下では, Große & Renkl(2007)と Siegler (2002) を比較し, 誤解法提示による学習メカニズムを抽出したうえで, 提示される誤解法と学習者の利用する解法が一致する重要性を指摘する。

　Große & Renkl (2007) は, 学習課題に関連する基礎事項の知識を有し, 数学の学業成績が上位の者には, 正解法のみの提示に対して正誤両解法の提示が学習促進効果をもつことを示した。具体的には, 大学生に確率計算の正しい解法のみを提示する効果と正誤両方の解法を提示する効果を比較した。実験では, まず「0.01の確率で金庫の暗証番号を当てられるαと0.1の確率で当てられるβが開錠を試みたとき, αは失敗しβは成功する確率」を問う問題と「0.7の確率で青, 0.3の確率で赤になる信号を2つ通ったとき, 1つだけ赤である確率」を問う問題の正しい解答例を順に読ませた。確率を P, 事象を A, B とすると, 前者の解法は $P(A) \times P(B)$ 型(0.99×0.1)であり, 後者は $P(A) \times P(B) \times 2$ 型($0.7 \times 0.3 \times 2$)である。その後, 先ほどの2問のカバーストーリーと問題タイプの組み合わせを入れ替えた2問について解答例を提示した。「正解法のみ提示条件」では, 信号のカバーストーリーによる $P(A) \times P(B)$ 型問題と金庫のカバーストーリーによる $P(A) \times P(B) \times 2$ 型問題への正答例を読ませた。一方,「正誤両解法提示条件」では, 前者の $P(A) \times P(B)$ 型問題に $P(A) \times P(B) \times 2$ の解法を適用して誤答する例と, 後者の $P(A) \times P(B) \times 2$ 型問題に $P(A) \times P(B)$ の解法を誤適用する例を読ませた。誤答であることは明示し,「解法のどの段階がなぜ間違いか」「どう正せるか」を記述させた。

　ポストテストの結果, 近転移課題には成績差が見られなかったが, 学習段階とは異なるカバーストーリーと問題タイプで構成された遠転移課題には適性処遇交互作用が得られた。つまり, 正誤両解法提示条件が正解法のみ提示条件より有効であるのは, 確率事象に関する既有知識, 例えば「コインの表が先に出て裏が後に出る確率」を正答できるような知識を有しており, 数学の学業成績も上位の学習者に限られた。そうでない学習者は, 正誤両解法を見せられた際

の認知負荷が高く，解法の誤りの指摘や理由の記述もできなかった。

これに対して Siegler（2002）は，誤解法を使用する児童に正誤両方の「答」を提示する効果を一部示した。小学3，4年生に「3 + 4 + 5 = ＿ + 5」等の空欄に入る数を問う課題を与え，自分で解かせた後，正誤のフィードバックを与えた。その後，「正答のみ提示条件」では，正答を提示したうえで，それを導いた架空の児童を想定させ，「その児童がどうやって答えを出したと思うか，どうしてその答えでよいと思うか」を説明させた。「正誤提示条件」では，続けて誤答した児童も想定させ，「その児童がどうやって答えを出したと思うか，どうしてその答えは誤りだと思うか」を説明させた。なお，提示した誤答は，「等号前の数をすべて足す（上記課題に「12」と答える）」誤答と「式に含まれる数をすべて足す（「17」と答える）」誤答のうち，実験参加者の児童自身がプレテストで行いがちな誤答が選ばれた。

以上の訓練課題を実施後，ポストテストを行った。ポストテストの結果，「3 + 4 + 5 = ＿ + 4」の空欄を補充させるような近転移課題では両条件に差がなかったが，「3 + 4 + 5 = ＿ + 6」を答えさせるような遠転移課題で正誤提示条件の成績が正答のみ提示条件を上回った。正誤提示条件における児童の訓練課題中の口頭説明の分析では，遠転移課題の解決を支える高度な解法が徐々に獲得されたことがわかった。

以上より，Große & Renkl（2007）と Siegler（2002）の研究では，効果の得られ方に違いがある。しかし，そこで起きていた学習事態を詳しく検討すると，共通の学習メカニズムが指摘でき，結果を統一的に解釈できる可能性もある。

Große & Renkl（2007）の扱った誤解法例は，$P(A) \times P(B)$ と $P(A) \times P(B) \times 2$ の混同ミスに焦点を当てたものであった。その際，学生が $P(A) \times P(B)$ で解くべき問題に，$P(A) \times P(B) \times 2$ を適用した例を提示されて，「$P(A) \times P(B)$」の部分は正しく，「$\times 2$」の部分が誤りであると判断できるには，解法手続きが「$P(A) \times P(B)$」と「$\times 2$」に分節化されていることが必要になる。その点で，Große らの扱った誤解法例は，$P(A) \times P(B)$ で表される事象についてのルールを正しく運用できるような学習者の準備状態に最適化されたものであったと言える。実際，正誤解法提示による学習促進効果が得られたのは，同

種のルールで解決できるプレテストで高成績を収めた学習者であった。一方で，$P(A)\times P(B)$の手続きに習熟していない学生にとって，$P(A)\times P(B)\times 2$という誤解法例は，「×2」の部分以外に，「$P(A)\times P(B)$」の×が＋の誤りではないかなど，様々な可能性を疑う余地のある例となる。その際，同じ問題に対する正解法との比較ができれば，「×2」の差異を見出すことも期待できるが，Großeらの実験では問題ごとにカバーストーリーが変えられたため，まったく同じ問題のうえで正誤両解法を対比する機会が与えられていなかった。

以上より，Großeらの実験事態での学習が促進されるには，式の適切な分節化が必要であり，正誤両解法の提示は分節化を予め行えた学習者には効果的であったが，そうでない学習者にとっては提示が解法の学習の機会になることが起き難かったと考えられる。

一方，Siegler（2002）では，正誤提示条件が正答のみ提示条件に比べて式の適切な分節化を促進したと解釈できる。正答のみ提示条件では，「3＋4＋5＝<u>7</u>＋5」という正答例の説明だけを要請されたため，下線部の空欄には「（5以外の）最初の2数を足す」という低次の解法が獲得されたに留まった可能性が高い。つまり，学習者は，$A+B+C=$__$+C$において，式全体を$(A+B)$とCには分節化したものの，$(A+B)$というチャンクをさらに分節化するまでには至らなかったと考えられる。それに対し，正誤提示条件では，正答に加えて，$A+B+C=\underline{A+B+C}+C$型の「3＋4＋5＝<u>12</u>＋5」（または$A+B+C=\underline{A+B+C}+C$型の「3＋4＋5＝<u>17</u>＋5」）といった誤答の説明を要請されたため，空欄にCを含むか否かやそもそもいかなる数が空欄に入るべきなのかを吟味した可能性が高い。それが$(A+B)$というチャンクをさらに分節化し，1つずつの数をすべて足し直して左辺と右辺の和を等しくするという等号の意味理解に基づいた高次の解法の獲得につながったと考えることができる。それゆえ，正答のみ提示条件の児童には解けなかったポストテストの「$A+B+C=$__$+B$」や「$A+B+C=$__$+D$」型の課題にも正誤提示条件の児童は正解できたと考えられる。

このように，Große & Renkl（2007）の実験とは違い，Siegler（2002）の実験では，正誤の提示を契機として，解法手続きに含まれる重要な要素（なぜ空欄にCを含めないのか）の吟味がなされ，正解法（等号前後の和が等しくな

るように空欄の数を求める）の学習が促進されたと考えられる。誤りからの学習は，単に誤解法が消去されて正解法が強化される過程なのではなく，複数の解法を対比しながら「ある解法のどこがなぜ誤りなのか」について吟味するメタ認知的理解を含んだ過程なのだと言ってもよい。それゆえ，単に同種の問題に正解法を適用する手続きレベルに改善が見られたのではなく，その手続きで解ける理由の理解，すなわち概念理解に改善が見られたのであろう。Siegler（2002）や Crowley et al.(1997) も「解法は一般的に複数の下位要素から構成されているが，1つの解法を吟味するだけでは，そこにどのような要素が含まれており，各々がどのような役割を果たしているかが把握し難い。正誤解法の比較によって，誤解法にはどのような要素が欠けており，正解法は何を目標として各要素を行うのかという解法過程のモニタリングが容易になる。それら誤解法の不足要素および正解法の改善要素のメタ認知的理解を介して，意味理解に基づく解法獲得が可能になる」という趣旨の主張を行っている[1]。

このような解法のメタ認知的理解に基づいて誤りからの学習が促進されるのであるとすれば，正解法にせよ誤解法にせよ，提示された解法を予め使用していた学習者の方がそうでなかった学習者に比べ，学習が促進されやすいと予測できる。なぜなら，対比する複数解法の一方を理解できることで，解法の対比自体がやりやすくなると考えられるためである。実際，Große らの実験では，予め式の分節化ができた学習者にはこのような対比が可能であったため，促進効果が認められたと考えられる。一方，Siegler はプレテストで児童が頻繁に使用した誤解法で得られる答えを児童一人ひとりに合わせて選択的に提示したため，どの児童も誤答が何を意味しているかを理解でき，正誤解法の対比による学習促進効果が得られたと考えられる。

このように Siegler（2002）では，誤解法を使用する児童に正誤両方の解答を提示することで学習が促進される効果が示された。しかし，学習者の事前の解法と提示する解法との一致・不一致の関係から見ると，両者が一致する場合

---

1) Crowley et al.(1997) は，解法の使用を連合機構とメタ認知機構の competitive negotiation としてモデル化している。解法選択は基本的に連合的知識―問題を速く正確に解ける解法が正の強化を受け，そうではない解法が負の強化を受けること―に基づき決定されるが，解法の実行過程のモニターによって問題点の検出やより有効な解法への気づきが起こると，メタ認知機構が解法選択のコントロールをとることがある，というのがモデルの主張である。

しか検討されていないため，不一致の場合にもその効果の範囲を拡張できるかは明らかでない。またGroße & Renkl（2007）では，解法提示の前に学習課題を実際に解いてみる機会がなく，学習者の事前の解法に応じた効果の程度は未検討である。さらに，両研究では研究対象や題材，実験手続きの多くの点で違いがある。これらを統制し，学習者の事前の解法と提示する解法との一致・不一致という要因に着目することで，誤解法提示の学習促進効果の範囲やそのメカニズムを検討する余地がある。

そこで本書では，教室で正誤両解法が発表される条件と正解法のみが発表される条件を比較し，発表者と聴き手の誤解法の一致・不一致の関係から，誤解法提示の学習促進効果の範囲を明らかにすることを第1の目的とし，第2章において検討する。

1.1.4. 算数授業における複数解法の検討方法

日本の授業の基本型が，教師による問題の提示，児童による自力解決，何名かの解法の発表であること（Stigler & Hiebert, 1999）はすでに述べたが，解法の発表後の一般的な授業展開は，どれがわかりやすかったかを評価したり，自分の解法と同じであるかどうかを表明したり，発表された解法について意見を述べるといった解法の検討活動をクラス全体の話し合いの中で行うというものである。しかし，詳細な授業観察からは，解法発表後の検討が一部の児童と教師間で行われがちで，学習成果も全員には共有され難いことが報告されている（佐藤，2006；白水，2008）。古藤・新潟算数教育研究会（1992, 1998）は，子どもたちが既習の知識技能を駆使して多様な解法を発表するが，まとめの段階になると規範的な解法を確認して終わってしまう授業も存在することを指摘している。このように解法発表直後にクラス全体で解法の検討をオープンに行うことは，すべての児童に理解の深まりを保証せず，児童によっては，妥当性を理解することのないまま，どれが規範的であるのかを単に知るだけに終わるおそれがある。

他者の説明や議論を単に聴いているだけであっても学習促進効果があるのであれば，上記の懸念は問題にならないかもしれない。しかし，関連する研究として（Chi, Siler, Jeong, Yamauchi, & Hausmann, 2001），チュータリングの学

習成果は教師の指導力のみで説明できず，生徒の応答性が関わることを示したものがある。生徒の応答性の背後にある認知プロセスを解明するために，Chi, Roy, & Hausmann（2008）は，大学生を対象に，物理の問題のチュータリングの様子を撮影したビデオを視聴することの効果を検討した。その結果，高い学習成果の要因は，教師と生徒の直接インタラクションそのものでもないことが示された。チュータリングのビデオをペアで話し合いながら見る協同観察が，チュータリングを直接受けた場合と同等の学習成果をもたらすことが示されたのである。ただし，単独観察条件であっても，メモを取る，ビデオの停止・巻き戻し・早送りをする，自分の理解を自問するといった行動を多く行った学習者の学習成果は高かった。よって，学習者の学習成果を分けた要因は，ビデオ視聴中にいかに能動的な観察（active observing）を行っていたかであると言えた。

　以上の結果から，Chiらは観察を通じた学習には能動性が重要であることを指摘した。協同観察条件での話し合いや単独観察条件でのメモ，自問等は能動的な観察が現れた行動であり，こうした観察を行えば高い学習成果が得られると考えられる（Chi et al., 2008）。

　Chiらの実験は能動的観察を外的に表出された行動でとらえたが，学習者は内的には何を行っていたのであろうか。Kingらの一連の研究はこれに示唆を与えてくれる。Kingは大学（King, 1989, 1990, 1992, 1994b）や中学・高校（King, 1991；King, Staffieri, & Adelgais, 1998），小学校（King, 1994a；King & Rosenshine, 1993）において，教師による解説に対して質問を自己生成することが授業の理解を促進することを示した。

　授業中に教師の説明を聴きながら質問生成することは，重要なアイディアの同定，アイディア間の関係の推定，重要性の評価といった生成的な認知プロセスを促す。こうして授業内容がより正確で有意味に符号化され，再生や理解につながると考えられる（King, 1992）。Kingの述べる，重要なアイディアの同定，アイディア間の関係の推定，重要性の評価といった生成的な認知プロセスは，Chiらの言う能動的観察の内的過程の一部であると考えられるであろう。

　以上を踏まえると，算数授業における解法の検討が一部の児童と教師に偏り

がちであることは，他の児童らの学習を十分保証しない可能性が高く，この事態に対する有効な支援が検討されるべきである。しかし，非規範的解法を含む複数の解法の提示に対してどのような支援を組み合わせることが有効であるかは明らかになっていない。そこで，これを明らかにすることを本書の第2の目的とし，第3章，第4章において検討する。

先行研究より，自分の理解への自問（Chi et al., 2008）や質問生成（King, 1992）が，提示された内容への理解を深めると示唆されることから，解法提示に先立ってこうした観点から解法発表を聴くように教示を与えることの効果を第3章の研究3において検討することとした。

また対象の理解を促進する方法としてよく知られたものに，「自己説明」(self-explanation) がある。自己説明とは，テキストや例題の学習中に，言及されていない情報を補うために自分に対して行う説明のことである（Chi, Bassok, Lewis, Reimann, & Glaser, 1989）。複数解法からの学習を促進するために，説明活動を算数の授業に取り入れるならば，いったん全体の場で発表された解法を個々に説明する時間を取るという形が可能であろう。こうした方法は，少数の実践例（文部科学省，2002；山口，2008）を除いて一般的ではなく，その効果は実証的に検討されていない。しかし，提示された解法でなぜその答えが出るのかを説明しようとすることが，構成要素レベルで解法を分析的にとらえることに役立ち，解法が問題状況のどの要素をいかに解決しようとしているかについての探索と学習を行わせ，複数解法提示の効果を高める可能性がある。そこで，提示された解法についての説明活動を一人ひとりに求めることの効果について第3章の研究4および研究5において検討することとした。

すでに述べたように，先行研究（Große & Renkl, 2007）では，同一問題に対する「複数解法提示」と「単一解法提示」の効果の差異は，学習者の要因によって異なることが示唆されている。具体的には，同一問題に対する正誤両解法の提示が，正解法のみの提示よりも有効であるのは，学習者が正解法の基礎となる知識をもつなど，検討対象の解法を比較的熟知する場合であるという結果が得られている。しかし，先行研究（Große & Renkl, 2007）で十分検討されていない点として，解法の提示と検討方法を共に操作していないという点が挙げられる。Crowley et al.（1997）に依拠して解釈される複数解法の学習促

進効果のメカニズムは,上述したように,正誤両解法の手続きを対比しながら,下位手続きに分解し,いずれが解の導出を可能にする原理であるのかという,1つの解法を吟味するだけでは得られ難い重要な構成要素への理解を深められるというものであった。したがって,検討対象の解法を熟知する学習者でなくとも,解法手続きを比較して,構成要素を吟味できる機会を設ければ,規範的な解法のみを提示する場合より,非規範的な解法と共に提示する方が学習の促進につながる可能性は残されている。

さらに,Chi et al. (2008) では,チュータリング場面を記録したビデオを一人で見る単独観察よりも,ペアで話し合いながら見る協同観察の方が,能動的な観察を引き起こし,学習成果も高かったことから,解法の検討をペアで行うことの有効性も示唆される。同様の知見として,Miyake, Shiga, & Shirouzu (2007) では,大学生に講義を記録したビデオを提示した後,内容についての質問生成を求める場合,すぐに発言するよう求めるよりも,いったんペアで話し合った後に発言を求めた方が,質の高い質問が出されやすかった。また,説明活動が話者自身の理解を促す効果について検討した伊藤・垣花 (2009) では,単に説明を生成することのみに効果は見られず,聴き手の頷きの有無や返事などの否定的フィードバックを契機に意味・解釈の付与やそれを繰り返す発話が増え,理解を促すと考えられた。そこで,第4章の研究6において,解法提示後にペアによる協調的な説明活動を行うことが,非規範的解法を含む複数解法提示からの学習を促進するかを検討することとした。

質問生成を促す教示 (King, 1992),自己説明 (Chi et al., 1989) や,ペアでの説明活動 (Chi et al., 2008；Miyake et al., 2007) の効果を検討した先行研究は,通常,誤りなどの非規範的な内容を含まない,規範的な解答例やテキスト,講義を対象としたものである。以上の方法が,本書が取り上げているような,算数授業における非規範的な解法を含む複数解法の発表を聴く児童においても有効に機能するかは検討する意義がある。

1.1.5. 本書で使用した課題

以上の目的のため,本書では,誤解法が出やすい課題として知られる単元「単位量あたりの大きさ」の「内包量」を比較する課題を用いた(藤村,1993,1997；

日野，1998；Siegler，1976）。内包量とは，大きさや広がりを表す外延量（例えば，長さ，面積，体積）と区別され，見かけではわからない質のよさや強さを表す量（例えば，温度，濃度，速度，密度）のことであり，銀林（1975），遠山（1981）によってこの区分が提案された。本研究では，内包量を比較する課題を，未習の小学5年生に出題し[2]，積極的に誤解法を引き起こしてその聴取による効果を見た。小学5年生の児童は，他者の誤りを自分に関わるものとして見る発達的な基礎はあるとの報告もあり[3]，解法の一致・不一致の認知的な効果を検討するのに適していると考えた。

課題は，多くの教科書（一松ほか，2005；中原ほか，2006；清水ほか，2005；杉山ほか，2005）で「単位量あたりの大きさ」の導入に使われる「混み具合」比較課題を用いた。これは例えば「5 ㎡に25本の花が咲く花壇Aと7 ㎡に28本の花が咲く花壇Bを比較する」課題である。藤村（1997）では，このような課題に対する推理を内包量比較と呼び，課題の解決過程は，大きく関係表象過程と比較過程に分けられるとしている[4]。関係表象過程とは，任意の数量を取り上げてその間の関係を表象する過程であり，その結果を比較する過程が比較過程である（藤村，1997）。

混み具合比較課題の規範的な正解法は，花の本数を面積で割って共通単位1 ㎡あたりの本数を比べる「単位あたり解法」である。上で例に挙げた課題では，関係表象過程において，まず「5 ㎡に25本」と「7 ㎡に28本」という2つの関係に着目し，その関係を「1 ㎡あたり5本」，「1 ㎡あたり4本」という単位あたりの量に変換する。さらに比較過程において，「5本＞4本」という大小比

2）本研究を実施した当時の教育課程では，第6学年算数「単位量あたりの大きさ」の単元で学習される内容であった（文部省，1999）。内包量比較課題における発達的変化として，5〜6歳が2つの外延量のうちの片方にしか着目しない反応を示し，9〜10歳以降は，両方の量を考慮する反応が増えることが知られている（Siegler，1976）。
3）小学5年生は，授業中の他者の発言をモニターしているとの観察（中田，1993）や一対多のコミュニケーション・スタイルの完成期にあるとの観察（内田，2004）に基づけば，他者の発言を自分に関係するものとして聴く基礎はあると考えられる。
4）内包量概念の提案者である銀林（1975）は，内包量 $m=y/x$ において，2つの外延量 x, y が共に連続量であるものを「本来の内包量」とし，本研究で扱うような x が連続量であり，y が分離量であるものとは区別している。そのうえで，y のみが分離量である場合には，分子 y にも分割を許して連続量として考えることが多いため，本来の内包量とあまり区別する必要がないとしている。

較を行うことで，最後に前者が混んでいると答えが出せる。

　しかし，関係表象過程において，規範的解法のように，花の数と面積という異種の量のペアに着目し，ペアごとの商を求めて「比較可能な単位を作る」ことの理解は難しく，2つの外延量を考慮できる9～10歳以降であっても，必ずしも除法を用いて正しく定量的に関係づけられる訳ではないことが知られている（Siegler, 1976）。むしろ，誤解法として，両花壇の花の数同士や面積同士という同種の量のペアに着目し，ペアごとの差を求めて，面積の増え方（2㎡）に比べて花の数の増え方（3本）が大きいか小さいかを判断する「ひき算解法」が使われることがある。これは，a ㎡ A 本と b ㎡ B 本の2つの花壇（$a<b, A<B$ とする）を比較して，面積の差（$b-a$）の割に，花の差（$B-A$）が大きすぎるときに，b ㎡の花壇の方が混む，と判断する解法であり，単元未習児には頻繁に利用されることが知られている（藤村，1993, 1997；日野，1998；河﨑，2006）。この解法では，増え方を定性的に比較せざるをえず，その点で答えの正誤にかかわらず，非規範的な解法として扱うべきものである。一方で，減法しか用いない点や同種の量を引く点で，児童が直感的に用いやすい解法である。それゆえ，本書では，非規範的解法としてこのひき算解法を取り上げた。

　両解法を対比すると，関係表象過程において，2つの花壇の花の数と面積という4つの量からどの2量を選ぶかというグルーピングおよび演算方法が違い，それによりどちらの花壇が混んでいるかという最終的な結論を導く根拠の有無も異なる。つまり，誤解法に不足する「計算結果から混み具合の比較を導く根拠」が正解法の「異種量の商で共通単位を求めること」であると理解することが重要と言える。この理解は児童にとって容易ではなく，従来の研究でもこの根拠の説明を学習課題としたものがある（藤村・太田，2002）。単位あたり解法を使用するようになっても，意味を説明できない「形式適用」の児童が多く見られるからである（藤村・太田，2002）。そこで本書では，混み具合比較課題にこの根拠を明記して正答できることを学習目標とし，そのためにいかなる条件が有効かを比較検討した。

第2節　本書の目的と構成

　本書の構成を Figure 1-1 に示した。

本書の第1の目的は，複数解法提示による学習促進効果が及びやすい範囲を学習者自身の解法との関わりから明らかにすることである。第2の目的は，複数解法提示による学習促進効果を，広範囲の児童に及ぼすために有効な支援方法を明らかにすることである。

第2章では，第1の目的に関して2つの研究を行った。研究1では，他児童の解法発表からの学習が，聴き手の解法によっていかに異なるかを実験的に検討した。研究2では，聴き手の解法によって提示された解法の内容に関する再生・評価がいかに異なるかを検討した。

第3章，第4章では，第2の目的に関して4つの研究を行った。研究3では，疑問感の生成を強調する教示が，理解を強調する教示に比べて解法提示からの学習を促進しうるかを検討した。研究4では，解法の提示後に，その解法でなぜ答えが出るか説明を考える活動による学習促進効果を検討した。有効性が示唆されたため，研究5では，説明活動が単に再生・評価する活動に比べて複数解法提示の学習促進効果を高めることを実験的に検証した。研究6では，説明活動をペアで協調的に行うことでもたらされる効果を検討した。

以上の研究結果に基づき，第5章では，研究結果の総括を行い，複数解法提示による学習促進効果のメカニズムと意義について総合的に考察した。

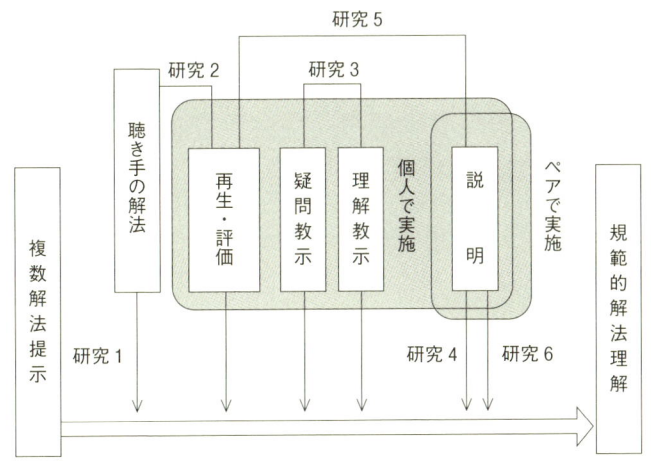

Figure 1-1　本書の構成

第2章
聴き手の解法が複数解法提示からの学びに及ぼす影響

第1節　本章の目的

　本章では，非規範的解法を含む複数解法提示による学習促進効果が及びやすい範囲を学習者自身の解法との関わりから明らかにすることを目的として行った2つの研究を報告する。研究1では，他児童の解法発表からの学習が，聴き手の解法によっていかに異なるかを実験的に検討した。研究2では，聴き手の解法によって提示された解法の内容に関する再生や評価がいかに異なるかを検討した。

第2節　研究1：規範的解法理解に対する聴き手の解法の影響

2.2.1.　目　　的
誤解法聴取によるメタ認知的理解

　本研究では，誤解法提示による正解法理解の促進効果は，誤解法が自分のものと一致しない児童より，一致する児童（以下，同一誤解法群）に対して大きく生じる，という仮説を検証する。解法が一致しない児童に効果が生じないという意味では，誤解法聴取の効果を限定的にしか示さないことになるが，実験操作を用いてSiegler（2002）の結果を明確に示すことで，いかなる準備状態が誤解法からの学習に必要なのかという条件を同定し，今後の支援につなげることが本研究のねらいである。

　仮説は，序論で述べたように，Siegler（2002）の結果の次のような再解釈から導いた。すなわち，Siegler（2002）の正誤提示条件では，正答のみ提示条件に比べて解法手続きに含まれる重要な要素の吟味と正解法の学習が促された可能性がある。正答のみ提示条件の児童は，「3 + 4 + 5 = <u>7</u> + 5」という正答例の説明だけを求められたため，下線部の空欄には「（5以外の）最初の2数を足す」という低次な解法が獲得されたに留まった可能性が高い。それに対し，正誤提示条件の児童は，正答に加えて，「3 + 4 + 5 = <u>12</u> + 5」といった誤答の説明を求められたため，空欄に5を含めるか否かやそもそもいかなる数が空欄に入るべきなのかを吟味した可能性が高い。それが，1つずつの数をすべて足し直して左辺と右辺の和を等しくするという等号の意味理解に基づいた高次な解法の獲得につながったと考えることができる。

このように，誤りからの学習は，単に誤解法が消去されて正解法が強化される過程なのではなく，複数の解法を対比しながら「ある解法のどこがなぜ誤りなのか」について吟味するメタ認知的理解を含んだ過程なのだと言ってもよい。このような解法のメタ認知的理解 (Crowley et al., 1997) に基づいて誤りからの学習が促進されるのだとすれば，提示された誤解法を予め使用していた学習者の方が他の誤解法を使用していた学習者に比べ，学習が促進されやすいと予測できる。なぜなら，対比する複数解法の一方を理解できることで，解法の対比自体がやりやすくなると考えられるためである。

本研究の枠組みと仮説

実験条件としては，児童から正解法が発表され，教師が正解法を解説する条件 (Correct-Correct条件；CC条件) と，児童から誤解法が発表され，教師が正解法を解説する条件 (Incorrect-Correct条件；IC条件) を設けた。そのうえで，発表された誤解法を事前に使っていたか否かで聴き手の児童を二分し，自らと同じ誤解法を聴取する効果を検討した。

正誤解法の提示方法については，Siegler (2002) は正答や誤答を提示して解法を実験参加者に推測させているが，本研究では，参加者に対する認知負荷を最大限減らすため，解法を直接提示した。誤解法を明示的に提示したうえで，解法の一致・不一致によって違いが見られるならば，誤答から誤解法を推測するプロセスではなく解法の対比プロセスの効果をより明示的に主張することが可能になると考えられる。また，提示方法を他者の解法を聴くものとすることで，現実的な授業の文脈を再現することをねらった。

序論 (1.1.5.) で述べたように，課題には混み具合比較課題を用いた。これは例えば「5 m^2 に25本の花が咲く花壇Aと7 m^2 に28本の花が咲く花壇Bを比較する」といった課題である。規範的な正解法は，花の本数を面積で割って共通単位1 m^2 あたりの本数 (花壇Aの5本＞花壇Bの4本) を比べる「単位あたり解法」である。しかし，花の数と面積という異種の量のペアに着目し，ペアごとの商を求めて「比較可能な単位を作る」ことの理解は難しく，2つの外延量を考慮できる9〜10歳以降であっても，必ずしも除法を用いて正しく定量的に関係づけられる訳ではないことが知られている (Siegler, 1976)。むしろ，誤解法として，両花壇の花の数同士や面積同士という同種の量のペアに着目

し，ペアごとの差を求めて，面積の増え方（2㎡）に比べて花の数の増え方（3本）が大きいか小さいかを判断する「ひき算解法」が頻繁に使われる（藤村，1993，1997；日野，1998；河﨑，2006）。この解法では，増え方を定性的に比較せざるをえず，その点で答えの正誤にかかわらず，非規範的な解法として扱うべきものである。一方で，減法しか用いない点や同種の量を引く点で，児童が直感的に用いやすい解法である。それゆえ，本研究では，非規範的な解法としてこのひき算解法を取り上げた。

単位あたり解法とひき算解法は，関係表象過程が大きく異なる。すなわち，2つの花壇の花の数と面積という4つの量からどの2量を選ぶかというグルーピングおよび演算方法が違い，それによりどちらの花壇が混んでいるかという最終的な結論を導く根拠の有無も異なる。つまり，両解法の対比から，誤解法に不足する「計算結果から混み具合の比較を導く根拠」が正解法の「異種量の商で共通単位を求めること」であると理解することが重要と言える。そこで本研究では，混み具合比較課題に単位あたり解法で結論を導いた根拠を明記して正答できることを学習目標とし，そのためにいかなる条件が有効かを比較検討した。

具体的には，実験で児童が発表する解法の説明にはその解法で結論を導くことができる根拠を含めず，CC条件でもIC条件でも，教師の解説で初めて根拠が発表される構成とした。それにより，両条件とも児童と教師両者の解法の対比から根拠を抽出することが可能になる。しかし，そのためには両者の解法の説明を対比し，重要な要素である「根拠」を理解する必要がある。

この際，IC条件では，事前にひき算解法を使っていた児童の方が，その他の誤解法を使っていた児童よりも，対比する2つの解法の一方を理解できる可能性が高い。それにより正誤解法の対比が容易になり，正解法の重要な要素の分節化が進み，単に解法手続きを把握するだけでなく，なぜその解法によって混み具合を比較できるのかという根拠をメタ認知的に理解することが促されると予測できる。一方，CC条件では，事前にひき算解法を使っていた児童にとっても，その他の誤解法を使っていた児童にとっても，自分たちの誤解法とは異なる解法が発表されるため，児童の発表と教師の解説の差異から手続きの根拠を理解することは同程度に難しく，両者の間に違いは見られ難いと予測でき

る。

　この違いをとらえるため，指標として，プレ・ポストテストを行い，正答した課題の数（答え得点），正解法の式を正しく使用して正答した課題の数（式得点），根拠を説明し正解法の式を正しく使用して正答した課題の数（意味得点）を区別して算出する。また，学習段階と同型の課題に関して正解法の式を正しく使用した割合（選択率）と根拠を説明して正解法を使用した割合（意味説明率）を区別して算出する。正解法のメタ認知的理解は，意味得点や意味説明率に反映されるのであろう。また，児童および教師の説明を聴いている際の認知過程を検討するため，各々の説明に対する理解度，有効性評定も実施する。加えて，解法変化の及ぶ範囲を検討するため，低次の解法による解答例を提示し，その棄却率も測定する。なお，本研究の重要な検討点は，誤解法の一致による誤解法聴取の効果を検討することであり，正解法との一致による影響ではない。ゆえに，授業開始時点で正解法を使用する児童は検討の対象外とする。ただし，誤解法聴取による促進効果，もしくは妨害効果が見られる可能性もあることから，これを確認することを目的とした結果の報告を行う。

2.2.2.　方　　法
参 加 者

　京都市の公立小学校3校の小学5年生170名（6クラス，男子92名，女子78名）。内包量の算出や比較方法は未習。

課　　題

　課題の教科・単元は，小学6年生の算数「単位量あたりの大きさ」（内包量）で，対象児には未習の内容であった。使用した課題および質問項目の内容とねらいは以下のとおりである。

　（1）混み具合比較課題　　混み具合比較課題を課題として使用した。数値や固有名詞のみが異なる課題をプレテスト，ポストテストに2問ずつ用意した。例えば，「あさひ公園の花だんは，面積が5 m^2で，25本の花がさいています。みどり公園の花だんは，面積が7 m^2で，28本の花がさいています。どちらの花だんがこんでいますか」と問い，「あさひ公園の花だん」，「みどり公園の花だん」，「どちらも同じ」から1つを選んで○をつけ（答えの選択），そう考

えた理由を言葉や式や絵などでできるだけ詳しく書くよう求めた（理由づけ）。

　（2）理解度・有効性評定　児童および教師の説明を聴いている際の認知過程をなるべく各児童に負担が少なく，答えやすい形で把握するため，各々の説明に対する理解度，有効性評定を行わせた。「あなたは，（　）が発表した解き方を，どのくらいわかったかな／よい解き方だと思ったかな」と問い，4件法（まったくわからなかった／よくない―とてもわかった／よい）で回答を求めた。空欄には児童か教員の名前が入る。

　（3）誤り指摘課題　誤り指摘課題は，正解法への解法変化の範囲を探索的に検討するための課題として用意した。混み具合比較課題にうさぎの数など個体数の大小比較で答えるタイプの誤解法を提示し，その誤りを指摘できるかを調べる課題であった。プレテスト，ポストテストに1問ずつ用意した。まず，「東小学校のうさぎ小屋は，面積が2㎡で，4羽のうさぎがいます。西小学校のうさぎ小屋は，面積が3㎡で，9羽のうさぎがいます（どのうさぎも同じ大きさとします）」と，問題を提示した。次に「まさおさんは西小学校のうさぎ小屋のほうが，こんでいると思いました。そして，自分の考え方を，下のように説明しました」と，解法例を提示した。その解法は，「うさぎの数をくらべました。すると，東小学校より西小学校の方が，うさぎが5羽多いから，西小学校のうさぎ小屋のほうがこんでいると考えました」という，うさぎの数にのみ着目した誤ったものであった。これに関し，「まさおさんの考え方は正しいと思いますか，間違っていると思いますか」と問いを提示し，「正しい」，「間違っている」，「わからない」から1つを選んで○をつけ（正誤判断），正しいと思う理由や，間違っていると思う理由を書くよう求めた（理由づけ）。

調査用紙の形式

　混み具合比較課題と誤り指摘課題は，B5判の冊子形式で提示し，見開きに1問ずつ掲載した。理解度・有効性評定のための質問紙は，B4判の用紙で作成した。

採点基準

　（1）混み具合比較課題　授業が正解法の手続き的な利用や意味理解などどこに影響したかを精緻にとらえるため，異なる3つの基準で得点化を行った。プレテスト，ポストテストの各混み具合比較課題で正しい答えを選択でき

た場合に1点を与えた「答え得点」を算出した。また，正しい答えと式を解答できた場合に1点を与えた「式得点」も算出した。さらに，正しい答えと式に加え，手続きの意味（共通単位1㎡あたりの花の数を求めていること）を説明できた場合に1点を与えた「意味得点」を算出した（各得点は2課題分で2点満点）。手続きの意味の説明の具体例は「$35÷7＝5$　$36÷9＝4$　1㎡あたりを考えると，みなと公園は，1㎡に5本さいていて，いずみ公園は，1㎡に4本さいている，ということは，みなと公園のほうがいずみ公園より1㎡に1本多くさいているからです」などである。

また，ポストテストの第1問については，意味を説明して単位あたり解法を使用した割合（意味説明率）と式を正しく使用した割合（式選択率）も算出した[5]。授業での学習課題と同型の課題に限って，単位あたり解法理解に差が見られるかを確認するためである。

（2）**理解度・有効性評定**　各評定結果の分析では，まったくわからなかった（よくない）～とてもわかった（よい）の4段階評定に対し，順に1～4点を与えて得点化した。

（3）**誤り指摘課題**　誤り指摘課題の解答は，正しいと思うかの正誤判断と，その理由づけの解答の組み合わせに基づいて，「根拠に基づく棄却」，「正解法に基づく棄却」，「正解法に基づく肯定」，「その他」の4カテゴリに分類し，前半2カテゴリに分類された人数から棄却率を算出した。「根拠に基づく棄却」とは，正誤判断に「間違っている」を選択し，理由づけに「面積が異なると必ずしも正しくない」など考え方の欠点を直接指摘した解答である。「正解法に基づく棄却」とは，正誤判断に「間違っている」を選択し，理由づけに1㎡あたりの式や説明を提示し，この解法で解くべきだからと記述した解答である。「正解法に基づく肯定」とは，正誤判断に「正しい」を選択し，理由づけに1㎡あたりの式や説明を提示し，この解法で解くとどちらが混むかの答えは一致することを記述した解答のことである。これら以外の解答を「その他」とした。

装　　置

デジタルビデオカメラ2台を使用して授業風景を録画した。教室の斜め前方

5）第2問は，授業で使用した課題と同型の第1問とは異なり，単位あたり解法以外に倍数関係を利用しても正答可能な型（整数倍型：藤村・太田，2002）であったため，対象としなかった。

と後方中央に1台ずつ据えた。前方のカメラを著者が，後方のカメラを調査協力者が操作した。ビデオ記録は児童の発表，教師の解説のトランスクリプト作成と手続きの所要時間の確認に使用した。

手続き

各小学校の教員（男性2名，女性1名）に進行を依頼した。Table 2-1のような流れと時間配分により，プレテスト，授業，ポストテストを行った。これらは時間的に連続して行われた（ただしCC条件の1クラスのみ，授業の45分後にポストテストを実施）。授業における児童の発表に関して，正解法が発表される条件と誤解法が発表される条件の2つを設けた。6クラス中，3クラス87名は児童（2クラスは男子，1クラスは女子）が正解法を発表し，教師も正解法を解説するCC条件，残りの3クラス83名は児童（2クラスは男子，1クラスは女子）が誤解法を発表し，教師が正解法を解説するIC条件に割り当てた。

（1）CC条件の授業 授業開始時に，問題文と答えの選択肢を黒板に示した。授業で扱った課題は，課題例として挙げた混み具合比較課題である。

まず教師はプレテストとして，後の解法発表の対象となる課題1（Table 2-

Table 2-1 調査の流れ

プレテスト【5分】
課題1，2（混み具合比較課題）
課題3（誤り指摘課題）
授業【15～17分】
児童の発表
児童1名が課題1の解法を発表【1～2分】
理解度・有効性評定【7分】
教師の解説
教師が課題1の解法を解説【2～3分】
理解度・有効性評定【5分】
ポストテスト【10分】
課題4，5（混み具合比較課題）
課題6（誤り指摘課題）

注．プレテストでは，児童はまず課題1から取り組み，課題1の調査用紙のみ先に回収された。児童がプレテストの課題2，3に取り組む間に，課題1の児童の解答を教師が確認し，授業で発表してもらう児童を決定した。

1参照）を実施した。課題1の終了後，調査用紙を回収し，プレテストの残りの課題2，3の調査用紙を配布した。教師は，児童が課題2，3に取り組んでいる間に，課題1に対する児童の解法を確認し，調査者が事前に依頼した発表条件（CC条件の場合は単位あたり解法を使う児童，IC条件の場合はひき算解法を使う児童）に合致した発表者の候補を選出した。プレテスト終了後，教師は板書された課題1を示し，単位あたり解法を適用している児童を解法の発表者に指名した。その例として，CC条件に割り当てられた1つのクラスでのある男子児童の発表内容を Table 2-2 に示した。

児童の発表が終わると，理解度・有効性評定のための質問紙を配布し，発表を聴いていた児童らに回答を求めた。回答終了後，質問紙を回収した。次に教師が単位あたり解法を解説した。単位あたり解法の式は先に発表した児童によってすでに板書されているため，教師はそれを参照しながら口頭での説明を

Table 2-2　児童の発表内容（CC条件）

僕の考えは，あさひ公園の花だんで〔棒で指す〕，なぜなら，5㎡で，〔25と書いて〕25本あって，1㎡に何本咲いているかだから，〔÷と書いて〕25本を〔5と書いて〕5で割って，〔＝5と書いて〕そしたら5本になります。 で，みどり公園は，〔28と書いて〕28本から〔÷7と書いて〕7を割ったら，〔＝4と書いて〕1㎡あたり4本になった，なるから，あさひ公園の方が多いと思いました。

注.〔　〕内は非言語的行動を表す。

Table 2-3　教師の解説内容（CC条件）

はいえーと，いまH君が言うてくれたの，これが，いいやり方ですね。 えーと，2つの花だんを，どっちが混んでいるか， この電車混んでるな，いっぱい人がいはったら，混んでる言いますね。 で，いっぱい花が咲いてる方はどっちやねんと。 本数だけ見たら，こっち〔28本を指して〕みたいですけどもおんなじ大きさで比べんとあかんよね。 だから，H君がやらはったんは，1平方メートルっていう単位で〔両手で四角形を作りながら〕おんなじ大きさのやったらどっちがようけ咲いてんのかな？って考えたんやなあ。 で，25÷5＝5，1㎡おんなじハコの中に，5本咲いてると。あさひ公園の方は。 で，みどり公園の方は1㎡あたり，28÷7＝4で，4本咲いていると。 じゃ，おんなじ大きさのところに5本咲いてる方が混んでる方になりますよね。 だから，H君はあさひ公園の方にしはった，いうことです。 えー…これ正解。

注.〔　〕内は非言語的行動を表す。

行った。例として CC 条件の 1 つのクラスでの教師（男性）の解説を Table 2-3 に示した。解説内容は筆者が計画し，説明を依頼した。商の算出に関する正解法の手続きが提示され，さらに，商は 1 ㎡あたりの花の数を意味すること，そして，同じ 1 ㎡あたりの本数が多い方が混んでいるという手続きの意味が解説された[6]。教師の解説が終わると，理解度・有効性評定のための質問紙を配布し，児童らに回答を求めた。回答終了後，質問紙を回収し，最後に，ポストテストを実施した。

（2）IC 条件の授業 次の 2 点を除いて，CC 条件と同じ手続きで行った。1 点目は，児童の発表において，プレテスト課題 1 でひき算解法を使って誤答を導いた児童を指名した点である。その例として，IC 条件の 1 つのクラスでのある男子児童の発表内容を Table 2-4 に示した。

Table 2-4 児童の発表内容（IC 条件）

〔イに○をつける〕えっと，なんでみどり公園の花だんの方が，おっ…，（複数児童：混んでる）混んでる？　あっ，えと，面積はみどり公園は，2 ほう，平方メートルぐらいしか変わらへんのやけど，花だんは 3 本も増えてる。

注.〔　　〕内は非言語的行動,（　　）内は発表者以外の発言を表す。

Table 2-5 教師の解説内容（IC 条件）

はい，比べるときはひき算，そういう考え方もありますが，えー，同じ単位で見たら比べられるということで，こんな考え方してた人が正解だったんですけど。 〔$25 \div 5 = 5$　$28 \div 7 = 4$　と書く〕 えー，これ何をしているかいうこと，説明しますね。 これはですね，1 ㎡あたりの咲いてる花の数を比べてるんですね。5 ㎡で 25 本咲いてるというのは，1 ㎡の面積の中に 5 本咲いてるということですね。 えー，7 ㎡の中に 28 本咲いてるから，1 ㎡の中に何本咲いてるか言うたら 4 本と。 えー，こっちやったら，同じハコの中に，〔四角と中に丸を 5 つ書く。もう 1 つ四角と中に丸を 4 つ書く〕。 同じ面積やないと比べられないですよね。で，これが 1 ㎡あたりで比べた考え方。 で，ということはあさひ公園の方は，1 ㎡あたり 5 本咲いてる。みどり公園の方は 1 ㎡あたり 4 本咲いてる。ということなので，混んでんのは，あさひ公園の方ですね。 こっちになります。〔アに○をつける〕

注.〔　　〕内は非言語的行動を表す。

6）教師解説（Table 2-3）では厳密には「同じ面積で比べる」ことを説明しようとする際に，花の数の多さに着目する他の考え方にも触れているが，この点はすべてのクラスに共通していた。

CC条件との違いの2点目は，IC条件では，教師が単位あたり解法を解説する際に式の板書も行った点である。例としてIC条件の1クラスでの教師（男性）の解説をTable 2-5に示した。なお，児童の誤答を取り上げる際の倫理的な配慮として，教師は児童の解法を誤りと決めつけず，既習事項をいかして未習の課題解決に取り組んだ点を認めたうえで，単位あたり解法を紹介する展開とした。

2.2.3. 結　果

分析に先んじて，目的（2.2.1.）の「本研究の枠組みと仮説」において述べたように，児童が発表する解法の説明には根拠を含めず，教師の解説で初めて根拠が発表される構成となっているか，児童の発表と教師の解説に関する実験操作の確認をビデオ記録で行った。その結果，すべてのクラスの教師解説において，正解法で混み具合が比較できる根拠が説明されていた。具体的には「1m^2っていう単位でおんなじ大きさのやったらどっちがようけ咲いてんのかな？て考えた」「同じ単位で見たら比べられるということで…1m^2あたりの咲いてる花の数を比べてるんですね」（Table 2-3, 2-5）などの言及である。他方，すべてのクラスの児童の正解法・誤解法の発表において，これらの解法の根拠への言及はなかった（Table 2-2, 2-4）。

分析にあたり，まず調査のいずれかの段階で欠席した10名，授業で解法を発表した6名を除いた。最終的に，CC条件79名，IC条件75名，計154名となった。次に，プレテストの混み具合比較課題（Table 2-1の課題1）で児童らが使用した解法（以下，初期解法）に基づき，154名を「正解法群」，「ひき算群」，「その他群」に分類した。正解法群は正しい解法を使用し，正答した児童である[7]。ひき算群は，ひき算解法を適用し，正答または誤答に至った児童である。その他群は，ひき算解法以外の誤解法を適用し，正答または誤答に至った児童である[8]。分類の結果，正解法群はCC条件23名，IC条件22名，ひき算

---

[7] 内訳は，授業の対象となったプレテストの課題1を，1m^2あたりの花の数で比べる単位あたり解法で通過した42名，花1本あたりの面積を比べる解法で通過した2名，比例関係を利用して通過した1名だった。

[8] その他群によく見られたのは，問題文に書かれた事実の繰り返し，問題文を表した情景図，式は正しいが誤答を選択したもので，それぞれ14名，14名，7名ずつだった。

群はCC条件22名，IC条件20名，その他群はCC条件34名，IC条件33名となった。

以下に，各初期解法，各発表条件別にプレテスト，ポストテストでの混み具合比較課題，理解度・有効性評定，誤り指摘課題の結果を示す。

なお，結果に対する性差の影響を検討した先行研究（Rittle-Johnson et al., 2009）では，その影響は見られていないため，本研究では検討を行わない。

混み具合比較課題

（1）得　　点　初期解法群，発表条件別の各テストにおける混み具合比較課題の答え得点，式得点，意味得点の平均と標準偏差をTable 2-6に示した。Table 2-6のとおり，どの群にもプレテストからポストテストにかけて得点の低下は見られない。誤解法の一致による誤解法聴取の効果を検討する本研究の目的より，以下では，ひき算群とその他群の比較を行う。

混み具合比較課題の各得点を，各初期解法群のCC条件，IC条件という2つの発表条件の間で比較した。答え得点，式得点，意味得点について，ポストテストの得点を目的変数とし，初期解法（ひき算群，その他群）と発表条件（CC条件，IC条件），およびその交互作用（初期解法×発表条件）を説明変数とし，プレテストの得点を共変量として，一般化線型モデル解析を行った（Table 2-7）。

この解析において，プレテストとポストテストの点数は順序変数（0-2），初期解法と発表条件は名義変数として扱った。その結果，答え得点，式得点に

Table 2-6　混み具合比較課題の答え得点，式得点，意味得点の平均値
（括弧内は SD, $N=154$）

初期解法	発表条件	n	答え得点		式得点		意味得点	
			プレテスト	ポストテスト	プレテスト	ポストテスト	プレテスト	ポストテスト
ひき算群	CC条件	22	1.27(0.69)	1.82(0.49)	0.32(0.47)	1.55(0.72)	0.32(0.47)	0.77(0.85)
	IC条件	20	1.55(0.59)	1.90(0.30)	0.30(0.46)	1.80(0.40)	0.30(0.46)	1.15(0.91)
その他群	CC条件	34	1.06(0.68)	1.79(0.53)	0.21(0.40)	1.56(0.77)	0.15(0.35)	0.71(0.89)
	IC条件	33	1.21(0.73)	1.61(0.60)	0.24(0.43)	1.42(0.82)	0.21(0.41)	0.45(0.78)
正解法群	CC条件	23	1.78(0.41)	1.83(0.48)	1.65(0.48)	1.83(0.48)	0.96(0.91)	1.39(0.82)
	IC条件	22	1.82(0.39)	2.00(0.00)	1.68(0.47)	1.95(0.21)	1.18(0.78)	1.59(0.72)

注．得点の範囲はいずれも0～2。

Table 2-7 ポストテストの答え得点，式得点，意味得点の一般化線型モデル解析の結果（N=109）

変数	答え得点		式得点		意味得点	
	尤度比 χ^2	p	尤度比 χ^2	p	尤度比 χ^2	p
初期解法	0.90	0.342	0.52	0.471	4.18	0.041
発表条件	0.92	0.337	0.14	0.709	0.01	0.909
初期解法×発表条件	1.47	0.226	1.99	0.158	3.64	0.056
プレテストの得点	8.56	0.014	5.60	0.018	2.63	0.105

Table 2-8 ポストテストの意味得点に対する一般化線型モデル解析の結果（IC条件×その他群を比較の基準として定義した）

変数	推定値	SE	χ^2	p
CC条件×ひき算群	-0.07	0.35	0.04	0.846
CC条件×その他群	0.13	0.36	0.17	0.681
IC条件×ひき算群	-0.82	0.31	5.24	0.022

ついては，プレテストの得点のみが有意であった。一方で，意味得点については，初期解法の主効果が有意であり（$p<.05$），ひき算群の方がその他群よりもポストテストの点数が高いと解釈された。また初期解法×発表条件，つまり初期解法と発表条件の組み合わせも有意傾向（$p<.10$）を示したため，この傾向について詳しく調べるために，同じデータセットを用いて，初期解法×発表条件のみを説明変数とした一般化線型モデル解析を行った。ポストテストの点数は，初期解法と発表条件の組み合わせと有意な相関があり（尤度比 $\chi^2 =$ 8.08，$p<.05$），IC条件においては，ひき算群の得点はその他群よりも有意に高かったが，CC条件においてはそのような傾向は見られなかった（Table 2-8）。

（2）**正解法の選択率・意味説明率** 正解法の理解がどのように促進されたのかを検討するために，ポストテストの混み具合比較課題（Table 2-1 の課題4）における正解法の選択率，および正解法の意味説明率を求め，Table 2-9 に結果を示した。直接確率計算を行った結果，意味説明率は，IC条件のひき算群（60.0％）がその他群（24.2％）に比べて有意に高かった（両側検定：$p<.05$）。選択率は，IC条件のひき算群（90.0％）とその他群（84.0％）の間

Table 2-9 正解法の選択率,意味説明率(%:括弧内は人数,*N*=154)

初期解法	発表条件	n	選択率		意味説明率	
ひき算群	CC条件	22	85.0	(19)	45.0	(10)
	IC条件	20	90.0	(18)	60.0	(12)
その他群	CC条件	34	80.0	(27)	41.0	(14)
	IC条件	33	84.0	(24)	24.2	(8)
正解法群	CC条件	23	95.7	(22)	73.9	(17)
	IC条件	22	100.0	(22)	81.8	(18)

で有意な差が見られなかった(両側検定)。

以上のように,ポストテストの混み具合比較課題の意味得点は,CC条件において群間に差がない一方,IC条件ではひき算群がその他群よりも高かったこと,両群の違いは正解法の意味説明率において大きかったことから,誤解法聴取による正解法の理解促進効果が同一誤解法群において顕著であるとの仮説が支持された。

理解度・有効性評定

児童の発表した解法の違いが,その発表および教師からの解説の評価にどのような影響を及ぼしたかを検討するため,児童の発表,教師の解説に対する理解度・有効性の評定結果(Table 2-10)を分析した。対象は全質問項目に回答したひき算群,その他群計83名である。

(1)**児童の発表に関する評定** 児童の発表に関する理解度・有効性の評定値(Table 2-10)それぞれについて,初期解法(ひき算群,その他群)×発表条件(CC条件,IC条件)の2要因分散分析を行った。その結果,理解度,

Table 2-10 児童発表,教師解説に関する評定の平均値(括弧内は *SD*, *N*=83)

初期解法	発表条件	n	児童の発表				教師の解説			
			理解度		有効性		理解度		有効性	
ひき算群	CC条件	17	3.41	(0.84)	3.53	(0.61)	3.41	(0.77)	3.53	(0.61)
	IC条件	17	3.12	(0.76)	3.29	(0.57)	3.82	(0.38)	3.88	(0.32)
その他群	CC条件	25	3.48	(0.57)	3.76	(0.51)	3.72	(0.45)	3.84	(0.37)
	IC条件	24	2.79	(0.76)	3.00	(0.65)	3.63	(0.56)	3.79	(0.41)

注.評定値の範囲はいずれも0〜4。

有効性それぞれについて，発表条件の主効果が有意であり（理解度 $F(1,79)$ =8.68, $p<.005$；有効性 $F(1,79)$ =13.86, $p<.001$），どちらも CC 条件の方が IC 条件より有意に高かった。有効性については，初期解法×発表条件の交互作用が有意傾向であった（$F(1,79)$ =3.85, $p<.10$）。単純主効果の検討を行った結果，その他群の評定は，CC 条件より IC 条件で低かった（$F(1,79)$ =6.45, $p<.05$）。

以上のように，発表条件の主効果が有意であったことから，IC 条件において児童が発表したひき算解法の方が，CC 条件において児童の発表した単位あたり解法よりも，全体として理解度や有効性が低く認知されたことが示唆された。

（2）教師の解説に関する評定　教師の解説に関する理解度・有効性の評定値（Table 2-10）それぞれについて，初期解法（ひき算群，その他群）×発表条件（CC 条件，IC 条件）の 2 要因分散分析を行った。その結果，理解度，有効性それぞれについて，初期解法×発表条件の交互作用が有意であった（理解度 $F(1,79)$ =4.03, $p<.05$；有効性 $F(1,79)$ =4.17, $p<.05$）。主効果は有意でなかった。教師の解説の理解度について初期解法×発表条件の交互作用が有意であったことに着目し，各水準における単純主効果の検討を行った。その結果，IC 条件のひき算群の評定が CC 条件のひき算群に比べて有意に高かった（$F(1,79)$ =5.32, $p<.05$）。続いて教師の解説の有効性について初期解法×発表条件の交互作用が有意であったことに着目し，各水準における単純主効果の検討を行った。その結果，IC 条件のひき算群の評定が CC 条件のひき算群に比べて有意に高かった（$F(1,79)$ =6.45, $p<.05$）。

よって，自分と同じ誤解法が発表された後に教師の解説を聴く方が理解しやすく，正解法の有効性が強く認知されたと言えた。IC 条件での群間差は有意でなく，IC 条件のその他群でも評定が高かった点は，混み具合比較課題の結果のパターンと一致しなかった。

誤り指摘課題

解法変化の範囲を検討するために，誤り指摘課題の解答を分析した。プレテスト，ポストテストで「根拠に基づく棄却」，「正解法に基づく棄却」，「正解法に基づく肯定」，「その他」の反応をした児童の数，および棄却率を，各初期解

Table 2-11 誤り指摘課題の各回答者数（括弧内は%，N=109）

初期解法	発表条件	n	プレテスト					ポストテスト				
			根拠に基づく棄却	正解法に基づく棄却	正解法に基づく肯定	その他	棄却率	根拠に基づく棄却	正解法に基づく棄却	正解法に基づく肯定	その他	棄却率
ひき算群	CC条件	22	2 (9.1)	1 (4.5)	0 (0.0)	19 (86.4)	3 (13.6)	0 (0.0)	1 (4.5)	10 (45.5)	11 (50.0)	1 (4.5)
	IC条件	20	2 (10.0)	0 (0.0)	2 (10.0)	16 (80.0)	2 (10.0)	2 (10.0)	2 (10.0)	12 (60.0)	4 (20.0)	4 (20.0)
その他群	CC条件	34	5 (14.7)	0 (0.0)	1 (2.9)	28 (82.4)	5 (14.7)	1 (2.9)	3 (8.8)	11 (32.4)	19 (55.9)	4 (11.8)
	IC条件	33	3 (9.1)	1 (3.0)	1 (3.0)	28 (84.8)	4 (12.1)	5 (15.2)	2 (6.1)	11 (33.3)	15 (45.5)	7 (21.2)

法群，各発表条件別に集計した（Table 2-11）。プレテストからポストテストにかけて棄却率が増加したかどうかを McNemar 検定により検討した結果，いずれの群でも人数の偏りは有意でなく，変化は見られなかった。

2.2.4. 考　察

　本研究は，他の児童から誤解法の発表を聴くことで正解法の理解が促進される効果について検討した。その効果は発表される解法と同じ誤解法を使っている児童に対して大きく生じるという仮説を検証するために，児童が誤解法（ひき算解法）を発表する IC 条件と，正解法（単位あたり解法）を発表する CC 条件を用意し，授業を行った。授業の結果，誤解法聴取による理解促進効果は，児童がもともと使っている誤解法が発表されるときに得られやすいという適性処遇交互作用が示された。具体的には，混み具合比較課題のテスト得点(Table 2-6）の分析において，IC 条件では，発表されたものと同じ誤解法を事前に使用していたひき算群の方が，それ以外の誤解法を使用していたその他群よりも意味得点が高かった。一方，CC 条件のひき算群とその他群の得点に差は見られなかった（Table 2-8）。さらに，IC 条件のひき算群とその他群は，正解法の選択率において差がなく，意味説明率において差が見られた（Table 2-9）。これは，自らと一致する誤解法の聴取によって概念的に精緻な正解法理解が獲得されることを示唆している。先行研究（Siegler, 2002）の検討から

示唆されたとおり，正誤両解法の提示の効果は解法間の対比による重要な解法手続きのメタ認知的理解にあり，それが提示される解法と自らの解法とが一致する場合に生じやすかったと考えられる。

誤解法聴取の効果の範囲

本研究は，正誤解法提示の効果に関する従来の研究(Große & Renkl, 2007；Siegler, 2002) の知見を，提示される解法と学習者の解法の一致・不一致という観点から見直し，予め正解法を利用できない範囲の学習者にまでその効果を拡張できるかを検討したものである。研究の結果，事前に誤解法を使っていた児童でも，正誤解法を提示されたIC条件で正解法のみを提示されたCC条件より一様に正解法理解が妨げられることはなかった。解法の一致・不一致で分けると，IC条件内で同一誤解法群に効果が見られた一方で，その他群に効果が見られなかったことから，正誤解法提示の促進的な効果は提示される誤解法と同じ誤解法を使っている児童に生じる可能性が示唆された。また，有意差は得られなかったが，同一誤解法群の意味説明率はIC条件（60.0％）がCC条件（45.0％）を上回っているのに対し，その他群ではIC条件（24.4％）がCC条件（41.0％）を下回っている（Table 2-9）。IC条件が同一誤解法にポジティブに働く傾向があるだけではなく，その他群にはネガティブに働く傾向があるために，結果としてIC条件における両群の学習成果に有意な差が見られたと考えられる。以上より，正しい解法を安定して使える段階にない児童に対して，誤解法を聴かせることに教育効果があるのかとの菊池（2006）の懸念は，特に，聴取する誤解法とは異なる誤解法を使っている児童に当てはまるものと言える。その一方で，誤解法を利用する児童すべてに一概に当てはまるものとは言えない。こうした実証的な整理が本研究の1つの成果である。

なお，本研究での効果は，誤り指摘課題の棄却率が増加しなかったように(Table 2-11)，限定的なものではあった。多くの先行研究で，解法変化の漸進性，すなわち，優れた解法の獲得後も以前の水準の低い解法が消去されず使われることがあるという傾向が指摘されるように（レビューとしてSiegler, 2006)，本研究の効果をより実質的で頑健なものにしていくためには，長期的介入による変化など，より徹底的な支援を検討する必要がある。

誤解法聴取の正解法理解促進メカニズム

　誤解法聴取による正解法理解促進のメカニズムについて，社会的学習（Bandura, 1965）による正解法強化の可能性，教師の権威など社会的手がかりに基づいた正解法模倣の可能性，誤解法のモニタリングによる正解法のメタ認知的理解の可能性の3点を検討する。

　社会的学習理論（Bandura, 1965）からは，誤解法の発表が負のフィードバックを受けることで，同様の誤解法を使用する聴き手への代理強化となり，IC条件のひき算群の正解法学習を促進したという解釈が可能である。しかし，もしそうであるならば，IC条件のその他群でも正解法の選択が同程度に促進された事実（Table 2-6の式得点，Table 2-9の式選択率）を説明し難い。本実験では両群の違いは意味説明率に現れたが，攻撃行動など主に身体的行動の選択を説明対象としてきた社会的学習理論では，そのような概念的な水準における違いを説明することは難しいと言えよう。

　次に，教師の権威など社会的手がかりに基づいて，正解法が模倣された可能性を検討する。例えば，CC条件において，児童の発表に対して教師が「これがいいやり方ですね」（Table 2-3）と解法の有効性を評価したように，解法説明以外の手がかりが正解法の模倣を促進したと見る立場である。本研究の参加児童が他者の発言をモニターしながら授業に参加する学習規範を習得していると言われる高学年の児童（中田，1993）であることからも，児童がこうした手がかりに敏感に反応し，正しそうな解法を表面的に模倣した可能性が考えられる。しかし，IC条件で生じた群間の差を詳しく見ると，ひき算群の意味得点や意味説明率など解法についての概念的な理由づけを行う率のみが選択的に高かったこと，および，教師の解説前に行われた児童の発表に対する理解度・有効性の評定結果においてすでに誤解法が正解法より低く評定されていたこと（Table 2-10）から，教師の権威的な手がかりのみで結果を解釈できる可能性は低いと考えられる。つまり，児童は教師の解説を聴く前から，発表された解法への吟味を始め，それを教師の解説と対比して，何らかの能動的学習を行っていたと考えた方がよいであろう。

　誤解法聴取が促した能動的学習として考えられるのが，解決手続きのメタ認知的理解である。IC条件のひき算（同一誤解法）群が「その解法でなぜ混み

具合を比較できるのか」を高い割合で記述できた結果は，正誤２つの解法を比較する際，同一誤解法群の方がその他の誤解法の児童より一方の解法（ひき算解法）を理解しやすく，それゆえ両者を対比して，重要な手続き要素をメタ認知的に理解できたからと解釈できる。つまり，正誤解法の対比から，「自分たちの解法とは違って，正解法は異種量の商を出し，比較のための共通単位を求めることで，混み具合を比較している」という解法のメタ認知的理解を行えたと考えられる。

ただし，本研究の結果だけでは，実際に児童が自らの誤解法のどこが不足なのかを吟味できたのかや，吟味したうえで自覚的に利用しなくなったのかなど，正誤解法の対比プロセスの詳細は同定できない。今後は，正誤解法を聴かせた後に，何を聴き取ったかを再生してもらったり，どんな評価を与えているのかを自由記述してもらう試みや，各解法を図解させたり複数人で議論させたりする試みなど，詳細なプロセスデータを入手する工夫が必要である。そこで，本書の研究２では，再生・評価について検討し，研究４〜６では，図解を含む説明活動やそれをペアで行う場合を検討することとした。

解法学習における誤解法発表の意義と方法

以上，本研究では正誤解法提示の効果が生じる場合を示し，そこで起きている認知プロセスのメカニズムを提案した。そのメカニズムを同定するためには，さらなる実証研究が必要であるが，ここまでの結果をもとに，解法学習における誤解法発表の意義と具体的な方法について一定範囲の提言が可能であろう。

まず，誤解法の提示に「解法手続きの対比によるメタ認知的理解」というメカニズムが内蔵されているとすれば，その「聴取」には「他者によって自分の解法が代理的に言語化されることで，客観的に吟味しやすくなる」という利点があると考えることもできる。言語化された知識は認知的な操作の対象となりやすく，メタ認知を促しやすい（例えば三宅・落合・新木，1998；Pine & Messer, 2000）。さらに，他者が言語化を行い，本人がそれを聴く場合は，本人の認知資源を吟味活動に集中できるだけに，いっそうのメタ認知的な処理が期待できる（Shirouzu, Miyake, & Masukawa, 2002）。実際に近年の観察学習研究では，大学生を対象とした物理の学習において，学習者が直接教授者から

チュータリングを受けずとも，他の学習者がチュータリングされている場面を観察し，その内容を学習者同士で議論するだけで促進的な学習効果が得られることが示されている（Chi et al., 2008）。このように誤解法の聴取の効果を詳細に検討することで，認知発達に即した学習環境をデザインできる可能性がある。

さらに，本研究の結果からは，誤った解法の発表からの学びのために，正解法を解説する前に多くの児童が共通に誤った解法を取り上げることや，なるべく多くのバリエーションの誤りを取り上げることなどにより，いずれかの発言者に類似性を見出す機会を確保すること，たとえまったく同一の解法が発表されなくとも児童が自分から積極的に自らの解法とどう関係するかを考える習慣をつけさせることなどの具体的なデザイン指針を導くことができる。

第3節　研究2：複数解法の再生・評価に対する聴き手の解法の影響

2.3.1.　目　　的

本研究は，算数の解法を説明する他者の発言を聴いたときに，児童らが何を理解し，学びうるかを解法の再生・評価から明らかにすることを目的とする。本書の研究1では，非規範的解法を含む複数解法提示が，同じ非規範的解法を事前に用いる児童には学習促進効果をもつが，その他の誤った解法を事前に用いる児童には学習促進効果をもちにくいことが示された。研究2は，非規範的解法を含む複数解法提示の学習促進効果の範囲が限定的である背景として，聴き手による解法の認知にどのような違いがあるのかを，解法の再生と評価から検討しようとするものである。

聴くという行為に関しては，全般的な個人の傾向性を測定しようとする研究がなされている（丸野，2005）。丸野（2005）は，他者の話を正確に理解する，自分の経験，知識，考えと比べる，自分に対して問いを立てる，といった姿勢を状況に応じて使うことが重要として，こうした姿勢を調べる「聴く力尺度」を作成した（Table 2-12）。

Table 2-12の尺度で聴く力の自己評価をさせると，自己評価の高い児童は，道徳の話し合い授業において，諸視点がどの順番に登場したかの再生や，重要

Table 2-12　丸野（2005）の聴く力尺度の構成

構成	項目例
1．話し手に話しやすくさせる態度	どんな内容でも，話し手の話を最初から疑ったりしないで，すなおにきく
2．話し手の話を客観的に理解する力	話の組み立てを考えながらきく
3．話し手の話を自分と結びつける力	話し手の話をききながら，自分のもっていた考えをまとめる
4．話し手の話を広げる力	話し手が直せつは言っていないけれども，きき手に伝えたいと思っていることが，はっきりしているかに気をつけながらきく
5．言外の情報に注意する力	話し手がなぜその話をしたのかを考えながらきく
6．理解状態をモニタリングする力	話し手の話を自分がわかっていないのは，自分のきき方が悪いのか，話し手の話し方が悪いのか，考えながらきく
7．話し合い全体を客観的に理解する力	今までの話し合い全体の流れをふりかえりながらきく
8．話し手の話と他の人の話を結びつける力	話し手が今話している話と，前に他の人が話した話とをくらべて違いがあるか，気をつけながらきく

発言の再認およびそのソースの再生がよくできた（丸野，2005）。算数の授業でも話し合いの最後にわかったことを尋ねられたとき，クラスで到達した結論を答えられない児童が存在するが（Strom, Kemeny, Lehrer, & Forman, 2001），このような児童の聴き方に対して示唆を与える知見である。

　しかし，授業において他者の発言を聴く行為は，学習すべき内容と児童のもっている知識・理解の関係に依存する可能性を考慮して検討する必要のあることが示唆されている（Hatano & Inagaki, 1991；白水，2004）。

　Hatano & Inagaki（1991）は，小学5年の理科の仮説実験授業を行い，討論時の言動と討論後の感想の関係を調べた。その結果，発言を聴く児童が少数派である場合には，異なる意見に耳を傾けたり，自分の意見と比較して無言の内に賛否を加えつつ，自分の主張に取り入れたりするような聴き方を促した可能性が示唆された。同様に白水（2004）は，小学6年の算数授業で，自力解決の時点で生じた異なる解法への気づきが，その後の話し合いにおいて出された他者の考えとの間に抽象的な関連性を見出す前提となった事例を報告している。

　これらの研究は，児童のもともともっている考え，他者の発言を聴いたとき

の反応，最終的に到達する考えに関して，個人内での変遷を一貫して追うことの重要性（白水，2006）を示している。

他者発言利用の固有性

本書の研究1は，授業中，他者の発言を聴く行為の個人差が，学習内容について児童側がもっている事前の知識・理解の内容に影響を受けている可能性を示唆している。しかし，事前の知識・理解によって聴く行為にどのような違いが生じ，学習成果の差異につながったのかを明らかにするデータはない。

以上を踏まえ，本研究は，算数の解法を説明する他者の発言を児童らがどの程度理解しうるのかを，本人の事前の解法と，発言の理解や評価，さらに事後の解法との関係から検討する。これにより，具体的な学習場面における，児童の聴き取る力，およびそれと学習の結果との関係を明らかにする。

そのために，児童に問題を解かせた後，他の児童が解法を発表する様子を撮影したビデオを，非規範的解法の発表，規範的解法の発表の順に提示するという実験的な手法を用いて，規範的解法に対する事前，事後の理解度と，非規範的解法に関する発言内容の把握（発言の再生）やそれに対する自分なりの意見（評価）の関係を調べる。これにより，児童の様々な考えを重視する授業で期待されるように，最終的に習得すべき規範的解法の数理的な処理のよさを学習するためのリソースとして，非規範的な解法の発表が正確に理解され，因果関係に注意して批判的に聴かれうるのかを検討する。

2.3.2. 方　法

参加者

京都市の公立小学校5年生9クラス284名（男子152名，女子132名）。内包量の算出や比較方法は未習。

混み具合比較課題

研究1と同様に，小学6年算数「単位量あたりの大きさ」（内包量）の混み具合比較課題を使用した。授業で解くべき課題は研究1と同じ，2つの公園の花壇の混み具合を比較する文章題であった。具体的には，「あさひ公園の花だんは，面積が5 m^2で25本の花が咲いています。みどり公園の花だんは面積が7 m^2で28本の花が咲いています。どちらの花だんの方が混んでいますか」と問う

ものであった。①式，②答（「ア．あさひ公園の花だん」，「イ．みどり公園の花だん」，「ウ．どちらも同じ」から1つ選択），③理由（教示は「なぜ上のような式と答になるのですか。ことばや図で，できるだけくわしく説明しましょう」）の記述を求めた。この課題をプレテストでも実施し，同型の課題1問をポストテストで実施した。課題はB5判用紙に印刷した。

採点基準

　この課題に対する規範的解法は，1㎡あたりの花の数等を比較する「単位あたり解法」である。しかしこの同じ解法でも運用を支える理解には複数の水準が考えられる。すなわち，上記の解法を単に手続き的に運用し，商の大小を比較して大きい方を混んでいると機械的に判別するレベルから，1㎡あたりの値を出すのは「ある数量が単位の量に分布する割合（単位量あたりの大きさ）」を求めるためであると概念的に理解するレベルまで考えられる。

　そこで，1㎡あたりの花の数を比較する単位あたり解法を用いた解答を次の2つのレベルで区別した。解答に1㎡あたりの花の数を求める式を書き，正答を選んでいるだけの場合，「1㎡あたり－式」とし，式の結果が1㎡あたりの花の数であることも記述している場合，「1㎡あたり－意味」とした。「1㎡あたり－意味」に該当する児童の割合（意味説明率）と式を正しく使用した割合，すなわち，「1㎡あたり－意味」か「1㎡あたり－式」のいずれかに該当する児童の割合（式選択率）を算出した。

聴き取り質問紙

　対象児がビデオを見た後に実施する「聴き取り質問紙」を作成した（B4判）。質問①「発表した子は，答えを出した理由を，どう説明したかな？　印象に残っている説明を書いて，出した答えに1つ○をつけよう」，質問②「あなたは発表したとき方を，どう思ったかな？　感想をひとこと書こう」と自由記述を求める質問2つの他，答え・式・説明の理解度等の評定を求める11の選択式質問からなった。本研究では，自由記述を分析の対象とする。

ビデオ

　提示内容をより厳密に統制するために，研究2以降ではビデオを用いて解法提示をすることとした。対象児と年齢の近い児童による混み具合比較課題（「5㎡に25本」vs「7㎡に28本」）の解法発表風景を撮影したビデオ2名分を事前

に作成した。1つは男子児童が「ひき算解法」を説明するものであり、もう1つは女子児童が「単位あたり解法」を説明するものであった（長さは順に、1分13秒、1分11秒）。内容をTable 2-13、Table 2-14に示す。撮影は、大学内の教室にて行った。発表者役の児童が黒板の前に立ち、解法を発表する様子を撮影した。2つのビデオの板書の構図や児童の立ち位置は同一であった。

なお研究1の考察において議論したが、非規範的解法として誤答を導くひき算解法を取り上げることで、規範的解法の妥当性の理解なく、答えの差異のみを理由に規範的解法への選好が起こる可能性を完全には排除できない。そこで研究2以降では、正答を導くひき算解法を非規範的解法として採用した。同様に、研究1では、2つ目の解法提示を教師が行ったが、教師という情報のソースが解法選好にバイアスをかける可能性を排除するために、研究2以降では、2つ目の解法も児童が発表する形式とした。

手続き

友達の発表の聴き方についての授業として実験者（筆者）がクラスごとに実施した。プレテスト、ひき算解法のビデオ提示と聴き取り質問紙、1㎡あたりのビデオ提示と聴き取り質問紙、ポストテストの順に行った。ビデオ提示前に聴き取り質問紙を配り、「他の学校のお友達は最初の問題をどう解いたのか、ビデオで発表を見てみましょう。その後質問に答えてもらいます」と教示した。その際、問題文と答えの選択肢、および式を黒板に示した。ビデオ提示には、教室に備え付けのテレビを使用した。ビデオで説明される問題は、プレテストで実施したあさひ公園5㎡25本とみどり公園7㎡28本の比較であった。

Table 2-13　ビデオの内容：1人目ひき算解法（研究2）

答えは、〔丸をつける〕アです。
なぜかと言うと、えっと、まず、7－、面積の、え、あさひ公園と、とー、みどり公園の、えっとー、面積をひき算します。
でー、7－5、7－5をして、2㎡を出します。
次に、みどり公、あさひ公園とみどり公園の、えっと、花の、花をひき算、花の数をひき算して、28－25で、3を出します。
それ、それで、えーっと、2㎡、も、えっと、みどり公園の面積は広いのに、えー、3本しか、えーと、変わりないから、あさひ公園の方が混んでいると思いました。

注.〔　〕内は非言語的行動を表す。

Table 2-14 ビデオの内容：2人目単位あたり解法（研究2）

私は答えは，あさひ公園の花壇の，アだと思いました。〔丸をつける〕
なぜかと言うと，1 ㎡あたり，に，何本花が咲いているか，調べるために，まず，あさひ公園の花壇を，25÷5 をしたら，5 になるので，えっと，1 ㎡あたり，5 本，になるので，1 ㎡あたりに，花が，5 本咲いていることになりました。
同じように，みどり公園の，花壇も，28÷7 をしたら，4 になるので，1 ㎡あたり，に，花が 4 本咲いていることになります。
あさひ公園の，方が，1 ㎡，あたりに，たくさん咲いていることになるので，えっと，あさひ公園の方が，混んでいると思いました。

注．〔　　〕内は非言語的行動を表す．

2.3.3. 結　果
解法変化

プレテスト，ポストテストで使われた解法に基づき，各児童の解法の移行をタイプ分けした。Table 2-15にその結果を示す。

1本あたりの面積で比較する児童も見られたため，「1本あたり」として別途カウントした。

プレテストで単位あたり解法を使った141名は（「1 ㎡あたり-意味」または「1 ㎡あたり-式」），92.2%（130名）がポストテストでも同じ解法を使った。1本あたりの面積を求める解法（「1本あたり」と表記）を使った9名のうち8名は，ポストテストでも正しい解法で正答した（「1 ㎡あたり-意味」4名，「1本あたり」4名）。またひき算解法を使った12名のうち10名は，ポストテ

Table 2-15 解法変化（N=284）

プレテスト	ポストテスト					
	1 ㎡あたり-意味	1 ㎡あたり-式	1本あたり	ひき算	その他	計
1 ㎡あたり-意味	36	5	0	0	2	43
1 ㎡あたり-式	29	60	0	5	4	98
1本あたり	4	0	4	0	1	9
ひき算（正答）	3	2	0	0	0	5
（誤答）	2	3	0	2	0	7
その他（正答）	10	13	0	2	7	32
（誤答）	31	37	1	7	14	90
計	115	120	5	16	28	284

ストで正しい解法で正答するようになった（「単位あたり−意味」または「単位あたり−式」）。

　プレテストで，ひき算解法以外の「その他」の誤解法を使った児童122名の内訳は，1㎡あたり解法の誤答選択18名，1本あたり解法の誤答選択12名，割合誤適用12名，かけ算16名，わり算未完6名，倍数関係誤適用3名，面積比較2名，足し算2名，特定不能16名，空欄35名であった。この122名のうち，92名はポストテストで正しい解法を使い，正しい答えを選択した（「単位あたり−意味」または「単位あたり−式」）。しかし，残る30名はひき算解法やその他の誤解法（答えの正誤含む）を使った。プレテストの答えの正誤によって，移行タイプに大きな違いは見られなかった。

　「1㎡あたり−意味」か「1㎡あたり−式」に該当する児童の割合を「式選択率」とし，「1㎡あたり−意味」に該当する児童の割合を「意味説明率」として算出した。なお「1本あたり」で正答した児童は，式だけでなく意味の説明も記述していたため「式選択率」，「意味説明率」の算出の際に加算した。

　284名全体では，式正答率は，プレ52.8％（150名），ポスト84.5％（240名），意味説明率はプレ18.3％（53名），ポスト42.3％（120名）であった。プレテストの段階でひき算解法を使用した12名のポストテストでの式選択率は83.3％（10名），意味説明率は41.7％（5名）であった。プレテストの段階で，その他の誤解法を使用した122名に限定すると，ポストテストでの式選択率は75.4％（92名），意味説明率は34.4％（42名）であった。

聴き取り

　ひき算解法のビデオに対する聴き取り質問紙の質問①，②への自由記述を対象に，（1）内容を再生できているかと，（2）どのような評価をしているかの2点について，分析した。

　（1）再　　生　　自由記述の中に含まれるひき算解法の説明を，4つのカテゴリでコーディングした。カテゴリは，Table 2−16に示したとおり，演算結果の意味づけにまで言及した「a. 差の比較の再生」，実際の演算は含むが意味づけは含まない「b. 式の再生」，ひき算をしたことにしか言及しない「c. 演算の種類の再生」，「再生なし」であった。解法別の再生結果をFigure 2−1に示した。

第3節　研究2：複数解法の再生・評価に対する聴き手の解法の影響　　45

Table 2-16　ひき算解法の再生のコーディング基準

コード	定義	例
a. 差の比較	面積の差に対して花の数の差が小さいことへの言及を記述	面積が2㎡もあるのにそこに3本だけの差なので
b. 式	面積同士，花の数同士を引いたことを記述	まずは面積を引いてこたえを出して次は，花の何本かを引きます。
c. 演算の種類	ひき算を使用したことを記述	ひき算でといていた。
再生なし	差の解法の内容に関わる記述なし	

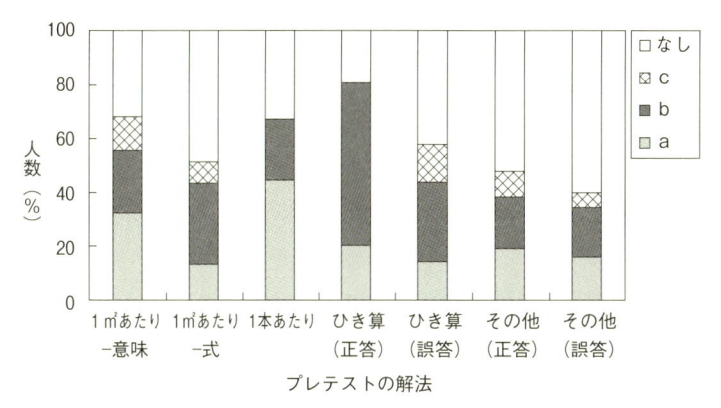

Figure 2-1　プレテストにおける解法別のひき算解法再生結果（N=284）

　再生のレベルを詳細な再生「a」，部分的な再生を「bまたはc」，「なし」に分け，プレテストのひき算群，その他群をそれぞれ答えの正誤にかかわらず統合したうえで，5（プレテストの解法：1㎡-意味，1㎡-式，1本あたり，ひき算，その他）×3（再生：a, bまたはc, なし）のχ^2検定を行った（$\chi^2(8)$=20.10, $p<.01$）。その結果，プレテストが「1㎡-意味」の児童の再生は，「a」が有意に多く（32.6%），「なし」が有意に少なかった（32.6%）。プレテストが「1㎡-式」の児童の再生は，「a」が少ない傾向にあった（13.3%）。プレテストが「1本あたり」の児童の再生は，「a」が有意に多かった（44.4%）。またプレテストが「その他」の児童の再生は，「bまたはc」が有意に少なく（24.6%），「なし」が有意に多かった（59.0%）。以上から，プレテストでの理解度が高いほど，より詳細に他者の解法発表を聴き取れることが示唆される。

（２）評　　価　　自由記述の中に含まれるひき算解法の発表への評価を，否定的，肯定的，異同，話し方，評価なしの5カテゴリを設け，コーディングした（Table 2-17参照）。結果をFigure 2-2に示した。

Table 2-17　ひき算解法の発表に対する評価のコーディング基準

コード	定義	例
否定的	不理解 （意味がわからない，難しい，不思議）	あまり言ってることがわからなかった。
	批判 （〜がわからない，だめ，〜なのでだめ，自分の方がいい）	2㎡広いのに，3本しかちがわないというのは，自分の思ったことだけで，数的には，出ていないのでわかりにくい。
肯定的	理解 （わかりやすい，〜がわかった，簡単，いいと思った）	よくわかるせつめいだと思う。
	感心 （すごい，こんな方法があるのか）	このようなとき方があったんだな。
異同	相違 （自分は〜していた/しなかった，自分と〜が違った）	自分とぜんぜんちがうから，びっくりした。
	類似 （同じことを考えた，自分と〜が同じ）	自分，式を書かなかったけど同じ考えだった。
話し方	下手	もうちょっとすらすら言えばいいと思った。
	上手	自分の思っていることを，しっかりと発表した。
評価なし	空欄	

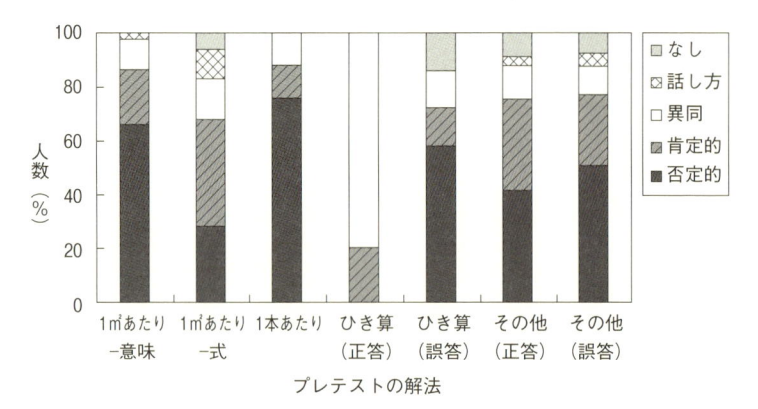

Figure 2-2　プレテストにおける解法別のひき算解法評価結果（$N=284$）

内容に関わらないコメントである,「話し方」と「なし」を統合し,プレテストのひき算群,その他群をそれぞれ答えの正誤にかかわらず統合したうえで,5(プレテストの解法:1㎡-意味,1㎡-式,1本あたり,ひき算,その他)×4(評価:否定的,肯定的,異同,話し方・なし)のχ^2検定を行った(χ^2(12) = 31.43, p<.01)。その結果,プレテストが「1㎡-意味」の児童は否定的なコメントが有意に多く(65.1%),内容外のコメントが有意に少なかった(2.3%)。プレテストが「1㎡-式」の児童は,否定的なコメントが有意に少ない一方(27.6%),肯定的なコメントが有意に多く(39.8%),また内容外のコメントが多い傾向にあった(17.3%)。プレテストのひき算群は,異同に関するコメントが有意に多かった(41.7%)。以上より,今回のひき算解法発表ビデオに対する否定的な評価は,特に事前の理解が高い「1㎡-意味」群に見られた。同じように1㎡あたり解法を使っていても,意味を理解していない児童の場合,むしろ肯定的な評価が多いという違いが見られた。また,自分と同じ解法が発表された児童(ひき算群)は,特に異同に関して言及することが多いという特徴が見られた。

こうしたひき算解法の発表に関する再生と評価の結果は,最終的な学習内容(単位あたり解法の理解)とどのような関係をもったであろうか。プレテストの段階で単位あたり解法を意味説明していた児童(「1㎡-意味」群,ポストテストで9割が同様のレベルを維持(Table 2-15))には,ひき算解法の発表を聴いた際に,詳細に内容を聴き取ったうえで(Figure 2-1),その正当性を適切に吟味(否定的に評価)するという行為をすることができた児童が多かった(Figure 2-2)。

これに対し,プレテストで単位あたり解法を意味説明せず用いていた児童(「1㎡-式」群)は,3分の2がポストテストでも意味説明しないままであった(Table 2-15)。こうした児童は,他者のひき算解法を聴いた際に,詳細な再生が少なかったことから,内容の把握に不足があり,またその解法の不適切さに気づかない傾向にあると言える(Figure 2-2)。

また,プレテストでひき算解法を用いた児童は,ひき算解法の発表について自分との異同をコメントすることが多かった。このことと,1㎡あたり解法への移行率の高さ(12名中10名)との関係は考察で検討する。

プレテストのその他群は，ポストテストでの解法が様々であったため，解法の変化と発表への反応の関係を以下に検討する。

その他群の聴き取りと解法変化

プレテストでひき算解法以外の誤った解法を使ったその他群（$N=122$）に分析対象を絞り，どのような再生，評価を行った児童が，ポストテストで正解法を使うようになったか，という観点から分析を行った。よって，ポストテストの解法分類では「ひき算」と「その他」はまとめて「誤解法」として集計した。

（1）再　　生　プレテストのその他群について，ひき算解法に関する各再生レベルの人数を，ポストテストでどの解法を使用するようになったかに基づきさらに群分けして集計した（Table 2-18）。単位あたり解法の再生結果はポストテストの結果と重なる部分が大きいため検討を省いた。

Table 2-18の3（ポストテストの解法）×4（再生レベル）のクロス表について，度数の小さいセルが見られたため直接確率計算により比較した結果，分布の偏りが有意であった（$p<.01$）。χ^2検定と残差分析の結果，再生レベルが「a」の児童では，ポストテストで正しい解法を意味説明して使った児童が多かった。逆に，再生レベルが「なし」の児童では，ポストテストで正しい解法を使うものの意味を説明しなかった児童や誤解法を使い続けた児童が多かった（$\chi^2(6)=19.14, p<.01$）。

Table 2-18　移行タイプ別，ひき算解法の再生結果（括弧内は比率）

プレ	ポスト	n	a	b	c	なし
その他	1㎡あたり-意味，1本あたり	42	14 (33.3)	9 (21.4)	4 (9.5)	15 (35.7)
	1㎡あたり-式	50	4 (8.0)	7 (14.0)	2 (4.0)	37 (74.0)
	誤解法	30	2 (6.7)	6 (20.0)	2 (6.7)	20 (66.7)

（2）評　　価　プレテストのその他群について，ポストテストでどの解法を使用するようになったかに基づき，各評価の人数をさらに群分けして集計した（Table 2-19，2-20）。単位あたり解法に対する評価も Table 2-17と同じ基準でコーディングした。

Table 2-19の結果について，内容に関わらないコメントである，「話し方」と「なし」を統合した。3（ポストテストの解法）×4（評価）のクロス集計

第3節 研究2：複数解法の再生・評価に対する聴き手の解法の影響

Table 2-19 移行タイプ別，ひき算解法の評価結果（括弧内は比率）

プレ	ポスト	n	否定的	肯定的	異同	話し方	なし
その他	1㎡あたり-意味，1本あたり	42	24 (57.1)	10 (23.8)	6 (14.3)	2 (4.8)	0 (0.0)
	1㎡あたり-式	50	24 (48.0)	13 (26.0)	7 (14.0)	2 (4.0)	4 (8.0)
	誤解法	30	10 (33.3)	12 (40.0)	1 (3.3)	1 (3.3)	6 (20.0)

Table 2-20 移行タイプ別，単位あたり解法の評価結果（括弧内は比率）

プレ	ポスト	n	否定的	肯定的	異同	話し方	なし
その他	1㎡あたり-意味，1本あたり	42	2 (4.8)	32 (76.2)	7 (16.7)	0 (0.0)	1 (2.4)
	1㎡あたり-式	50	8 (16.0)	22 (44.0)	10 (20.0)	2 (4.0)	8 (16.0)
	誤解法	30	4 (13.3)	9 (30.0)	4 (13.3)	4 (13.3)	9 (30.0)

表について，度数の小さいセルが見られたため直接確率計算により比較した結果，分布の偏りが有意傾向であった（$p<.10$）。χ^2検定と残差分析を行った結果，ひき算解法の発表について否定的な評価をした児童には，ポストテストで誤解法を使い続けた児童は少ない傾向が見られた。これに対し，「話し方，なし」の反応をした児童では，ポストテストで正しい解法を意味説明して使うようになった児童は少なく，誤解法を使い続けた児童が多い傾向が見られた（$\chi^2(6) = 11.11$, $p<.10$）。

Table 2-20の結果についても同様に，内容に関わらないコメントである，「話し方」と「なし」を統合した。3（ポストテストの解法）×4（評価）のクロス集計表について，度数の小さいセルが見られたため直接確率計算により比較した結果，分布の偏りが有意であった（$p<.01$）。χ^2検定と残差分析を行った結果，単位あたり解法の発表について肯定的な評価をした児童には，ポストテストで正しい解法を意味説明して使うようになった児童（「1㎡-意味，1本あたり」群）が有意に多く，誤解法を使い続けた児童は有意に少なかった。「話し方，なし」の反応をした児童には，ポストテストで正しい解法を意味説明して使うようになった児童が有意に少なく，誤解法を使い続けた児童が有意に多かった。否定的評価をした児童は，ポストテストで正しい解法を意味説明して使うようになることが有意に少ない傾向があった（$\chi^2(6) = 26.23$, $p<.01$）。

以上より，ひき算解法を聴き取り，否定的に受け止めること，単位あたり解

法を肯定的に受け止めること，そしてポストテストで単位あたり解法の意味説明の伴う使用に至ることの3つは互いに関連していると考えられる。

（3）再生と評価の関係　解法の移行タイプごとに，ひき算解法の再生と評価のクロス集計を行った（Table 2-21，2-22，2-23）。

Table 2-21と Table 2-22を見ると，不理解や批判といった否定的なコメントをした児童の数は同数である。しかし，ポストテストで単位あたり解法を意味説明して使うようになった児童の場合（Table 2-21），ひき算解法を「a」，「b」以上聴き取ったうえでそのような評価をしている児童が半数以上（24名中15名）で，その3分の1は批判的な意見を述べた。これに対し，単位あたり

Table 2-21　1㎡-意味，1本あたりへ移行した児童によるひき算解法再生・評価

評価	再生				計
	a	b	c	なし	
否定的					
不理解	4	6	2	6	18
批判	3	2	0	1	6
肯定的	6	0	0	4	10
異同	1	1	1	3	6
話し方	0	0	1	1	2
なし	0	0	0	0	0
計	14	9	4	15	42

Table 2-22　1㎡-式へ移行した児童によるひき算解法再生・評価

評価	再生				計
	a	b	c	なし	
否定的					
不理解	1	1	0	20	22
批判	2	0	0	0	2
肯定的	0	5	1	7	13
異同	1	1	1	4	7
話し方	0	0	0	2	2
なし	0	0	0	4	4
計	4	7	2	37	50

Table 2-23　誤解法のままの児童によるひき算解法再生・評価

評価	再生				計
	a	b	c	なし	
否定的					
不理解	0	0	0	6	6
批判	1	1	0	2	4
肯定的	1	4	1	6	12
異同	0	0	0	1	1
話し方	0	1	0	0	1
なし	0	0	1	5	6
計	2	6	2	20	30

解法の式しか答えるようにならなかった児童の場合（Table 2-22），ほとんど（24名中20名）が再生「なし」で，不理解を表明している。再生内容は評価にあたって考慮された内容を示していると考えると，非規範的な解法に対する否定的なコメントであっても，他者の発言を正確に把握してなされたものであるかどうかにより，最終的な規範的解法の学習成果の深さが異なってくることが示唆される。

ポストテストでも誤解法のままであった児童は，30名中20名が再生「なし」で，再生している場合でも評価は肯定的な児童が多く見られる。

以上の結果から，プレテストでは単位あたり解法を使うことができていなかった児童のビデオ視聴による学習内容についてまとめる。ひき算解法を聴き取り（Table 2-18），不適切さに気づいた児童や（Table 2-19），単位あたり解法を聴いて理解，感心を表明した児童は（Table 2-20），単位あたり解法の意味説明に至る割合が高かった。他方で，他者の解法を聴き取れず（Table 2-18），数学的な解法の正当性を適切に評価できなかったり（Table 2-19），正しい解法を理解したりできずに（Table 2-20），誤解法を使い続けるパターンが見られた。

2.3.4. 考　察

本研究では，プレテストでの理解度が高いほど，より詳細に非規範的解法を再生でき，内容を適切に評価できること，また，プレテストでの理解度が低い場合であっても，非規範的解法の再生ができたり，規範的解法の評価が適切にできるほど，規範的解法に関する深い理解に至りやすいことが示された。結果を聴き取りのタイプとして整理したうえで，多様な考えを取り上げる算数授業の有効性を検討する。

事前の理解と聴き取り

まず非規範的解法の再生（Figure 2-1）についてみると，プレテストが「1 ㎡-意味」や，「1本あたり」の児童は，詳細な再生が可能であったが，「1 ㎡-式」の児童はそのような再生は多くなく，再生なしの者も多かった。ひき算解法以外の誤解法を使ったその他群は，立式レベルの再生も困難で，再生なしが多かった。

また，非規範的解法の評価（Figure 2-2）については，プレテストが「1 ㎡-意味」の児童は否定的なコメントが有意に多く，内容外のコメントが有意に少なかった。プレテストが「1 ㎡-式」の児童は，否定的なコメントが有意に少ない一方，肯定的なコメントが有意に多く，また内容外のコメントが多い傾向にあった。プレテストがひき算解法の児童は，異同に関するコメントが有意に多かった。

以上から，事前の理解と他者の解法への理解，評価に関して，特徴的な次の2タイプが指摘できる。①規範的解法を説明することができる状態で，他者の非規範的解法の説明を聴いたとき，その内容を理解することができ，また他者の発表に対して内容に焦点化した否定的な意見をもつことができるタイプ（プレテスト1 ㎡-意味群），および②規範的解法を使っていてもその意味理解はしていない状態で，非規範的解法の説明を聴いたとき，その内容を理解することができず，他者の発表に対して漠然と肯定的な意見をもつか，発表者の話し方などにコメントするなど内容に焦点化した見解をもつことができないタイプ（プレテスト1 ㎡-式群）である。

事前の理解が低い児童の聴き取りと規範的解法理解

他者の意見を聴くときに，そもそも自分で解決できなかった児童が話し合いについていくことは可能か（菊池，2006）という疑問を検討するために，プレテストでひき算解法以外の誤った解法を使った児童を対象として，ポストテストで正しい解法を使えるようになった群とそうでない群の間に，解法発表の聴き取りの違いが見られるかを検討した。その結果，ひき算解法が詳細に聴き取れることとポストテストでの単位あたり解法の理解との間に関連が見られた。詳細に聴き取れた児童は，ポストテストで単位あたり解法を使うだけでなく意味を説明できるようになった児童が多く，再生できない児童には，単位あたり解法を使うものの意味の説明ができない，または誤解法に留まるものが多かった（Table 2-18）。

単位あたり解法を意味説明した群，式のみを獲得した群，誤解法に留まった群の聴き取りの違いを，解法発表への評価の結果も加味して見てみると，次のような3タイプの存在がうかがえる。①自分と異なる非規範的解法であっても内容を把握し，自分なりに理由を提示して取捨選択できるタイプ（ポストテス

トの「1㎡－意味」群），②自分と異なる非規範的解法を聴いたときに内容を把握できず，困惑（「不理解」）のみ示すタイプ（ポストテストの「1㎡－式」群），③自分と異なる解法の内容を把握できないと同時に，流暢さなど内容以外の情報に注意を払って聴くタイプ（ポストテストの「誤解法」群）である。

　1つ目と2つ目のタイプは，ひき算解法を否定的に評価し，後続の単位あたり解法を採用したという点では共通している。しかしひき算解法への否定的な評価が，内容や根拠，すなわち「結論を生み出す過程」を吟味して聴いた結果であるか，聴き手の理解不足に起因するかで違いが生じると，それが最終的に単位あたり解法を理解する深さ（意味理解か手続きの機械的適用か）に影響する可能性がある。生田・丸野（2005）は，学習者が新規な情報や理解し難い情報に遭遇したときに感じる疑問感を「積極的な知識の精緻化に結びつく気持ち（もっとよく知りたいなあ）」と「消極的な問題解決に結びつく気持ち（わからないなぁ）」とに分け，前者の方が学習場面での質問生成に結びつくと述べている。これに基づくと，1つ目のタイプは，ひき算解法を聴いたときに「積極的な知識の精緻化に結びつく」疑問感をもったことで，後続の単位あたり解法の説明を聴くレディネスが形成され，意味理解が促されたと考えることもできる。確かにこのタイプの変化を示した群（Table 2-21）は，Table 2-22と比較するとひき算解法に対して単なる不理解の表明ではなく，具体的な批判が出される傾向もうかがえる。内容を聴き取ったうえで何らかの判断を下すという過程を経るか，聴き取れないでそのような過程を経ないかは，最終的に学習すべき内容への理解の深さに影響しうると考えられる。

　3つ目のタイプは，少なくとも，内容に関わった感想をもつことが，解法変化にとって重要なことであり，それがなければ，適切な解法への移行さえも起こりにくいことを示したと言える。

多様性重視の授業の有効性

　菊池（2006）は，他者の意見を聴くときに，そもそも自分で解決できなかった児童が話し合いについていくことは可能かと危惧しているが，本研究ではこれを，解法発表ビデオの提示とその直後再生および評価から検討した。その結果，解法発表を理解し適切に吟味して規範的解法の深い理解に至る児童もいればそうでない児童も少なからずいた。また初めから規範的解法を自力で用いて

解決している児童の内でも，その意味を説明できるレベルでなければ，他者の考えを聴いて理解し，吟味することは容易ではなかった。また，聴き方の範型に照らしてみると，丸野（2005）が挙げている聴く力（Table 2-12）の内，今回実際に見られた児童の反応では，正確な理解と内容に対する適切な評価や，高学年で望ましい聴き方とされている「話を正確に理解すると共に，批判的に吟味して聴くこと」（村松，2001）が，学習成果に関わって特に重要となることがわかった。しかし同時に，これらは多くの児童にとって困難な作業であるとも予想させる結果が得られた。本研究は，菊池（2006）の述べる他者解法からの学習への危惧を，各児童から収集した聴き取りのデータによって裏づけたと言える。

教育実践への示唆

発表の正確な理解と批判的な吟味は多くの児童にとって困難であるという結果が得られた原因として，系統性の強い算数科の学習において，児童それぞれの事前理解が内容理解に影響しやすいことが考えられる。この点を考慮した支援を考えるうえで，今回のプレテストでひき算解法を用いた児童の結果が示唆深い。プレテストがひき算解法の児童に関しては，12名中10名が単位あたり解法に移行することができた（式選択率83.3％，意味説明率41.7％）。今回，プレテストでひき算解法を用いた児童は，ひき算解法の発表に対して異同に関するコメントを有意に多く行ったことが注目される。すなわち，自分と同じ考えが他者から発表されると，自分との類似や細部の違いに注意を向けて聴きやすく，事前にひき算解法を使った群においては，このような認知プロセスが解法変化時に顕著となると考えられる。この結果は，例えば自分の考えと比較しながら他者の発表を聴くようにという指導が，発表される考えと聴き手の考えの関係の考慮なしに，すべての児童に有効であるとは限らないことを示唆する。聴き手が何を考えているかで，比較して聴きやすい立場，聴きにくい立場があるとすれば，その点への介入も合わせてなされる必要があるであろう。

また本研究で発表へのコメントを求めたとき，話し方といった内容外の側面に焦点を当てた児童も見られ，このような反応をした児童は学習成果が小さい傾向にあった。例えば「みんなに聴こえるように，はっきり説明する」といった話し方指導が，他者の話を聴くときに発表のうまさに注意を向けることと関

連しているかもしれない。他者が伝えようとしている事柄に注意し，それを理解しようと努める聴き手側の責任の指導が，発表の仕方の指導と相互干渉しないよう，配慮する必要があるであろう。

第4節　本章のまとめ

　本章では，複数解法提示による学習促進効果が及びやすい範囲を学習者自身の解法との関わりから明らかにすることを目的として2つの研究を行った。

　研究1では，他児童の解法発表からの学習が，聴き手の解法によっていかに異なるかを実験的に検討した。その結果，誤解法聴取による理解促進効果は，児童がもともと使っている誤解法が提示されるときに得られやすいことが示された。子どもが他者の誤りを自分に関わるものとして見る準備状態を有することが，他者の誤りからの学びにおいて重要であることが示唆された。

　研究2では，聴き手の解法によって提示された解法の内容に関する再生・評価がいかに異なるかを検討した。その結果，事前の理解度が高いほど，より詳細に他者の解法発表（非規範的解法）を再生でき，内容を適切に評価できること，また，事前の理解度が低い場合であっても，非規範的解法の再生と内容に関連した評価，および，正解法への肯定的評価が適切にできるほど，正しい解法に関する深い理解に至りやすいことが示された。

　以上の結果から，複数解法提示からの学習は常に起こりやすいものではなく，事前の理解や一定の聴き方を要するものであると言える。したがって，複数解法提示からの学習をより広範囲の学習者に起こすための支援方法が明らかにされねばならない。そこで次章では複数解法を提示する際に言語的教示を与え効果的な聴き方を促す支援の効果や，複数解法提示後に説明活動を求めることの効果を検討する。

第3章

複数解法提示からの
学びを促す支援

第1節　本章の目的

　本章では，非規範的解法を含む複数解法提示による学習促進効果を広範囲の児童に及ぼすために有効な支援方法を明らかにすることを目的として，3つの研究を行った。

　研究3では，疑問感の生成を強調する教示が複数解法提示からの学習を促進しうるかを検討した。研究4では，複数解法の提示後に，その解法でなぜ答えが出るか説明するよう求めることの学習促進効果を検討した。研究4の結果，従来の再生・評価活動以上の学習促進効果が示唆された。そこで研究5では，説明活動が単に再生・評価する活動に比べて複数解法提示の学習促進効果を高めることを実験的に検証した。

第2節　研究3：疑問感の生成を促す教示の効果

3.2.1.　目　　的

　研究2では，非規範的解法，規範的解法を順に提示した場合，非規範的解法をよく聴き取り，内容に関連したコメントをし，規範的解法への肯定的評価をすることが，事後の規範的解法の意味理解と関連することが示唆された。その一方で，他の児童の解法発表を聴いて正確な聴き取りと内容に対する適切な評価ができず，規範的解法の深い理解に至らない児童が少なからず存在することが示唆された。このように，高学年で望ましいとされる聴き方「話を正確に理解すると共に，批判的に吟味して聴くこと」（村松，2001）は，実際には困難な作業であると考えられる。他者の意見を聴くときに，そもそも自分で解決できなかった児童が話し合いについていくことは難しいのではないかという菊池（2006）の疑問を支持する結果とも言える。

　いかに内容に注意を向け，関連したコメントが生じるように促すことが可能であろうか。本研究では，他の児童の解法発表を聴く児童へ特定の教示を与えることの効果を検討する。研究2では，ポストテストで規範的解法の意味理解に到達した児童は，非規範的解法の内容を聴き取り，否定的な評価を与えていることが多かった。このような内容に焦点を当てた聴き方をモデルとして児童らに求めるために，疑問の生成を目標とさせる条件を設け，単に理解を目標と

させる条件と比較検討することとした。従来，授業中に教師の説明を聴きながら質問生成することは，重要なアイディアの同定，アイディア間の関係の推定，重要性の評価といった生成的な認知プロセスを促し，授業内容がより正確で有意味に符号化され，再生や理解につながると考えられている (King, 1992)。先行研究より，自分の理解への自問(Chi et al., 2008)や質問生成(King, 1992)が，提示された内容への理解を深めると示唆されることから，非規範的解法を含む複数解法提示においても，提示に先立ってこうした観点から解法を聴くよう教示を与えることが効果的であるかを検討することとした。

以上より本研究では，解法を提示する際に，疑問感の生成を促す「疑問」教示条件と，内容の理解を強調する「理解」教示条件とを設け，非規範的解法の理解や，規範的解法の使用が促進されるかを検討する。これにより，特に「疑問をもつ」ことの教示が，解法学習において，児童に対する有効な言語的教示として機能するかを検討する。

ただし，研究2の結果，他者解法への再生・評価の内容には，事前にどのような解法を使っていたかによる特徴が見られ，他者解法の聴き方はそれぞれの児童の事前の解法に影響を受ける傾向があると考えられた。この結果は，クラス全体への教示によって一様の聴き方へと方向づけを行うことが効果的ではない可能性も示唆している。その場合には，聴き方の多様性と干渉を起こさずに対象への理解を促す支援の方法を新たに検討することが必要になるであろう。

3.2.2. 方　法
参加者

大阪府の公立小学校の小学5年生2クラス58名（男31名，女27名）。内包量の算出や比較方法は未習。

混み具合比較課題

研究1と同様に，小学6年算数「単位量あたりの大きさ」（内包量）の混み具合比較課題を授業で解くべき課題として使用した。数値や固有名詞のみが異なる「同型課題」をプレテスト，ポストテストに1問ずつ用意した。例えば，「あさひ公園の花だんは，面積が5㎡で，25本の花がさいています。みどり公園の花だんは，面積が7㎡で，28本の花がさいています。どちらの花だんがこ

んでいますか」と問い,「あさひ公園の花だん」,「みどり公園の花だん」,「どちらも同じ」から1つを選んで○をつけ（答えの選択），そう考えた理由を言葉や式や絵などでできるだけ詳しく書くよう求めた（理由づけ）。課題はB5判用紙に印刷した。

採点基準

混み具合比較課題において，意味を説明して単位あたり解法を使用し正答した割合（意味説明率），および，意味の説明の有無にかかわらず単位あたり解法の式を使用し正答した割合（式選択率）を算出した。

再生課題

再生課題は，それぞれのビデオについての再生を記述で求めた。ビデオの中の発表者は答えを出した理由をどのように説明したか，覚えていることを書くよう教示した。研究2と同様に，ひき算解法の説明を，4つのカテゴリでコーディングした。カテゴリは，Table 2-16 (p.45) に示したとおり，演算結果の意味づけにまで言及した「a. 差の比較の再生」，実際の演算は含むが意味づけは含まない「b. 式の再生」，ひき算をしたことにしか言及しない「c. 演算の種類の再生」，「再生なし」であった。B4判用紙に，再生課題の記述欄，および，条件別の教示とそれに応じた記述欄（後述）を印刷したワークシートを各解法ごとに作成して使用した。

ビデオ

ビデオは2種類用意した（研究2と同じ）。1つは非規範的解法であるひき算解法の発表であった（Table 2-13参照）。もう1つは規範的解法である単位あたり解法の発表であった（Table 2-14参照）。

手続き

クラスごとに同一の実験者（筆者）が実施した。プレテスト，解法提示，ポストテストを連続して行った。プレテスト終了後，ワークシートを配布した。ワークシートは，ビデオ視聴時の教示とそれに応じた回答欄，再生課題から構成された。解法提示の際，問題文と答えの選択肢，および式も黒板に示し，ビデオを黒板中央に貼ったスクリーンに映した。

ビデオの解法発表を聴く際の教示に関して，疑問教示条件と理解教示条件という，2つの教示条件を設けた。1クラス30名を疑問教示条件，もう1クラス

28名を理解教示条件に割り当てた。

（1）**疑問教示条件**　疑問教示条件の教示では，ビデオの中の発表について疑問点を考えながら聴くことを強調した。具体的には，発表された式の意味や，その式から「あさひ公園の方がこんでいる」と考えた理由について，発表者の説明に意味がよくわからないところがないかに気をつけて，発表者に質問してみたいことを考えながら，聴くように教示した。ビデオを提示する前に教示し，ビデオを提示し再生課題を実施した後に，教示に即したコメントを記述してもらった。具体的には，「A君の式の意味や，その式から『あさひ公園の方がこんでいる』と考えた理由について，あなたがまだ疑問に思うことや，A君に質問したいと思うことを書きましょう」と求めた。

（2）**理解教示条件**　理解教示条件の教示では，ビデオの中の発表について，説明を補いながら理解することを強調した。具体的には，ビデオの中の発表された式の意味や，その式から「あさひ公園の方がこんでいる」と考えた理由について，発表者が言おうとしていることは何かを考えながら，発表者が話しているときに，頭に思い描いている場面を想像しながら，聴くように教示した。ビデオを提示する前に教示し，ビデオを提示し再生課題を実施した後に，教示に即したコメントを記述してもらった。具体的には，「A君の式の意味や，その式から『あさひ公園の方がこんでいる』と考えた理由について，A君はつまりどういうことを言おうとしていましたか？　説明をつけ足しましょう」と求めた。

以上の教示のワーディングは，「聴く力尺度」等（丸野，2005，村松，2001）を参考にした。

3.2.3.　結　果

プレテスト：比較課題

プレテストの混み具合比較課題で用いられた解法を分類した。疑問教示条件では，単位あたり解法を意味も説明して用いた児童が2名，ひき算解法を用いた児童が5名，その他の誤解法が23名見られた。理解教示条件では，単位あたり解法を意味も説明して用いた児童が3名，単位あたり解法を使用しているが意味を説明せず式のみ書いている児童が1名，ひき算解法を用いた児童が7

名，その他の誤解法が17名見られた。

本研究は，複数解法提示による学習促進効果が見られにくい児童，具体的には，提示された解法のいずれとも異なる誤った解法を使っていた児童に対して，言語的教示を与えることで，他者の複数解法からの学習が促進されるかを検討するために実施した。そこで，以下では条件ごとの全体の結果に加えて，プレテストにおいてその他の誤解法を使用した疑問教示条件23名，理解教示条件17名のみを対象とした場合（「その他群」）の結果を報告する。

教示の影響：非規範的解法の再生

ひき算解法の再生をコーディングした結果をクロス集計し，分析した。児童全体を対象とした場合，再生レベル「a」の児童が疑問教示条件で多く，理解教示条件で少なかった（$\chi^2(3) = 8.22, p<.05$）。プレテストのその他群を対象とした場合の，各教示条件におけるひき算解法の再生結果をFigure 3-1に示した。再生レベル「a」の児童が疑問教示条件で多く，理解教示条件で少ない傾向にあり，再生「なし」の児童が疑問教示条件で少なく，理解教示条件で多い傾向にあった（$\chi^2(3) = 7.71, p<.10$）。

教示の影響：混み具合比較課題

児童全体を対象とした場合，ポストテストの混み具合比較課題における意味説明率は疑問教示条件36.7％，理解教示条件35.7％であった。プレテストのその他群のみを対象にした場合，ポストテストの混み具合比較課題における意味説明率は疑問教示条件30.4％，理解教示条件29.4％であり，直接確率計算で比

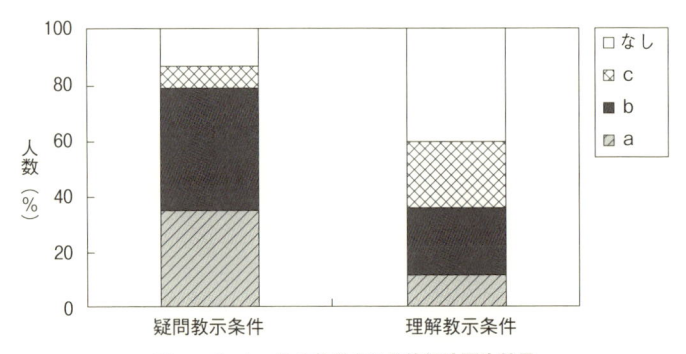

Figure 3-1　その他群のひき算解法再生結果

較したところ，教示条件による有意な差は見られなかった．
教示に即したコメントの記述
　ビデオの提示後，教示に即したコメントが実際にどの程度記述されたかを検討した．
　疑問に思うことや質問したいと思うことを書くように求めた疑問教示条件（$N=30$）では，「批判」3名（例：でも，その式はなんとなくじゃないんですか？），「不理解」1名（例：もっとよく説明してほしかった），「驚き」1名（例：わり算でもちょっと変わった式を出したのでびっくりしました），「不一致」1名（例：私が考えた事は，まちがえているんですか？），「話し方」6名（例：もうちょっと，すらすら，まをあけないで，言ってくれていたら，もうちょっとわかった），「なし」2名（例：とくにありません），空欄16名であった．このように，実際に疑問・質問を具体的に記述した児童は，あまり見られなかった．
　解法発表者がどのようなことを言おうとしていたか，説明のつけ足しを記述するよう求めた理解教示条件（$N=28$）では，「批判」1名（例：もっと式をくわしくしたらいい），「不理解」3名（例：むずかしい），「説明の繰り返し」4名(例：だから2㎡の中に3本しか入らないからあさひ公園がこんでる），「説明の追加」1名（例：面積がせまい），空欄19名であった．

3.2.4. 考　察
　本研究では，他の児童の解法発表を聴く児童へ特定の聴き方を求める教示を与えることの効果を検討した．解法を提示する際に，疑問感の生成を促す「疑問」教示条件と，内容の理解を強調する「理解」教示条件とを設け，非規範的解法の理解や，規範的解法の使用が促進されるかを検討した．
　まず，非規範的解法の理解については，疑問教示条件の方が，非規範的解法の詳細な再生を促した（Figure 3-1）．もともと提示される解法と同じ解法を使っていない児童においても，疑問教示条件の方が理解教示条件よりも，詳細な再生の割合が高い傾向にあった．このように，教示の種類は非規範的解法の再生に影響を与え，疑問教示は非規範的解法の再生（理解）を促す効果が示唆された．しかし，実際の疑問点の記述は多くはなされなかった．

従来，授業中に教師の説明を聴きながら質問生成することは，重要なアイディアの同定，アイディア間の関係の推定，重要性の評価といった生成的な認知プロセスを促し，授業内容がより正確で有意味に符号化され，再生や理解につながると考えられている（King, 1992）。しかし，本研究の疑問教示によって再生は高められたが実際の疑問点は多く記述されなかったことから，複数解法を対象とした場合のこの教示は，「重要なアイディアの同定」に関して効果をもったが，「重要性の評価」を促す点では効果は不十分であったと言える。自分の理解への自問（Chi et al., 2008）や質問生成（King, 1992）が，提示された内容への理解を深めることが示唆した先行研究とは異なり，事前に異なる解法を使う児童らが非規範的解法を含む複数解法提示から学ぶ際には，解法提示に先立って明示的に質問生成を求める教示を与えることが有効であるとは言えなかった。

また，教示の種類は，ポストテストの成績には影響を与えなかった。疑問教示条件で，実際にビデオ提示後に内容に関する否定的コメント（「批判」「不理解」）をした児童は，4名（13.3%）に留まり，具体的な疑問感の生起を高めなかったため，ポストテストにおける規範的解法使用の促進に至らなかったと考えられる。

以上より，本研究で使用した言語的教示の有効性は，非規範的解法を含む複数解法提示からの学習において認められなかったと言える。研究2では，非規範的解法，規範的解法を順に提示した場合，非規範的解法への「正確な理解」と「内容に対する適切な評価」が事後の規範的解法使用と関連することが示唆されたが，こうした複数解法からの学習プロセスは，必ずしも疑問感の生成や評価を目標として志向しながら聴くことで促進されるものではないと考えられる。つまり，複数解法からの学習において重要な認知活動が展開される中で自発的に疑問感の生成や否定的な評価が表出されることに意義があると考えられる。

研究2の結果，他者解法への再生・評価の内容には，事前にどのような解法を使っていたかによる特徴が見られたことから，本研究のような学習事態では，クラス全体への教示によって一様の聞き方へと方向づけを行うことが有効ではない可能性も示唆している。そこで，聴き方の多様性と干渉を起こさず，

対象への理解を深める支援の方法を研究4以降において検討することとする。

第3節　研究4：説明活動による複数解法理解—描画の分析

3.3.1.　目　　的

　研究1では，非規範的解法を含む複数解法提示が学習を促進するメカニズムを，解決手続きのメタ認知的理解によるものと考察した。すなわち，同一誤解法群が「その解法でなぜ混み具合を比較できるのか」を高い割合で記述できた結果は，正誤2つの解法を比較する際，同一誤解法群の方がその他の誤解法を用いた児童より一方の解法を理解しやすく，それゆえ両者を対比して，重要な手続き要素をメタ認知的に理解できたからと解釈した。

　ただし，研究1の結果だけでは，実際に児童が自らの誤解法のどこが不足なのかを吟味できたのかや，吟味したうえで自覚的に利用しなくなったのかなど，正誤解法の対比プロセスの詳細は同定できなかった。そこで研究2では，解法提示後に再生・評価を求め，何を聴き取ったか，どのような評価を与えているのかに関するデータを収集した。その結果，同一誤解法群では確かにひき算解法に対して「異同」のコメントが多く，要素分析的に解法を聴いている様子がうかがえた。またその他の誤解法を用いた群でも，非規範的解法であるひき算解法の要点を再生し，否定的な評価を与え，規範的解法を肯定的に評価している場合には，事後の規範的解法の意味理解に至るケースが多く，正誤解法の対比プロセスが示唆された。しかし，彼らの記述も，「誤解法のどこが不足なのかを吟味できたのか」といった点を明らかにするほど量的・質的に十分な記述は得られず，対象児童全体で見ればこの傾向はさらに強かった。研究3では，教示により内容の吟味への焦点化を促したが，提示された解法の妥当性をどのように判断したか，どのような問題意識をもったかといった点を書ける児童は多くなかった。

　これらが示唆することは，複数の他者の解法発表から学びを深めること，およびそのプロセスを言語化することはかなりの程度困難であるということである。よって，より強力な支援の方法を検討すると同時に，詳細なプロセスデータを入手し困難さを分析する必要がある。そこで本研究では，解法提示後に図解を含む説明活動を児童らに求めることを行うこととした。

対象の理解を促進する方法としてよく知られたものに，「自己説明」(self-explanation) がある。自己説明とは，テキストや例題の学習中に，言及されていない情報を補うために自分に対して行う説明のことである（Chi et al., 1989）。提示された解法でなぜその答えが出るのかを説明しようとすることが，構成要素レベルで解法を分析的にとらえることに役立ち，解法が問題状況のどの要素をいかに解決しようとしているかについての探索と学習を行わせ，複数解法提示の効果を高める可能性がある。そこで，提示された解法についての説明活動を一人ひとりに求めることによって，複数解法からの学習プロセスを推進し，同時にその実証データを得ることをねらいとした。

まず研究 4 では，複数解法提示からの学習を促進するために説明活動[9]を導入することの効果を探索的に検討するために，児童らがひき算解法と単位あたり解法をどのように説明可能であるか，描画という手段も加えて説明を求めることにより検討する。

3.3.2. 方　法
参加者

京都市の公立小学校 5 年生 2 クラスの児童54名（男子30名，女子24名）。内包量の算出方法や比較手法は未習。

混み具合比較課題

研究 1 と同様に，小学 6 年算数「単位量あたりの大きさ」（内包量）の混み具合比較課題を用いた。数値や固有名詞のみが異なる課題をプレテスト，ポストテストに 1 問ずつ用意した。例えば，「あさひ公園の花だんは，面積が 5 ㎡で，25本の花がさいています。みどり公園の花だんは，面積が 7 ㎡で，28本の花がさいています。どちらの花だんがこんでいますか」と問い，「あさひ公園の花だん」，「みどり公園の花だん」，「どちらも同じ」から 1 つを選んで○をつ

---

[9] 本研究では，実験者の教示によって，提示された他者の解法について「なぜこの答えが出るのか」を説明するよう求めた。よって，児童らは教示に応じて「実験者に向けて説明」したとも言うことができる。これを，Chi (2000) による自己説明の定義「何らかの媒体によって提示された新しい情報を理解しようと自分自身に説明する活動」に照らすと，定義中の「自分自身に説明する」という点は必ずしも満たさないと考えられることから，本研究では児童に求めた活動を「説明活動」と呼ぶ。

け（答えの選択），そう考えた理由を言葉や式や絵などでできるだけ詳しく書くよう求めた（理由づけ）。

採点基準

児童の解答は，単位あたり解法に関する2つのレベルで採点した。正しい答えを選んだうえで，単位あたり解法の式を正しく使用し，手続きの意味（共通単位1㎡あたりの花の数を求めていること）の説明も行った場合を「単位あたり－意味」とし，答え，式は同様に正しいが，意味説明については行わなかった場合を「単位あたり－式」とした。意味説明の具体例は「1㎡あたりで考えると，25÷5＝5，28÷7＝4で，あさひ公園の方が1㎡あたりの数が多いから答えはあさひ公園だと思います」などである。なお，「単位あたり－意味」か「単位あたり－式」に該当する児童の割合を「式選択率」とし，「単位あたり－意味」に該当する児童の割合を「意味説明率」として，分析に利用した。

ビデオ

解法提示には事前に作成したビデオを使用した。調査対象の児童らと同年代の児童が，解法を説明するものであった。ビデオは1人目のひき算解法の説明（49秒）と，2人目の単位あたり解法の説明（1分11秒）の2種類を使用した（Table 3-1，Table 3-2）[10]。いずれのビデオでも，児童1名が黒板の前に立ち解法を説明した。黒板には，説明する解法で使われる式が予め板書されていた。

Table 3-1　ビデオの内容：1人目ひき算解法（研究4）

答えは，アです。〔丸をつける〕
なぜアかと言うと，まず，あさひ公園の花壇とみどり公園の花壇の，面積をひき算します。
7－5で，2㎡になります。
次に，あさひ公園の花壇とみどり公園の花壇の，花の数をひき算します。
28－25で，3本になります。
それで，みどり公園の花壇の面積は2㎡も広いのに，花は3本しか多くないから，あさひ公園の方が混んでいると思いました。

注.〔　〕内は非言語的行動を表す。

---

10) 1人目のひき算解法の説明には，研究2，3で使用したビデオ（Table 2-13）より，話し方の冗長さが少ないビデオを使用した。2人目の単位あたり解法の説明は研究2，3で使用したビデオ（Table 2-14）と同一である。

68 第3章 複数解法提示からの学びを促す支援

Table 3-2　ビデオの内容：2人目単位あたり解法（研究4）

私は答えは，あさひ公園の花壇の，アだと思いました。〔丸をつける〕
なぜかと言うと，1㎡あたり，に，何本花が咲いているか，調べるために，まず，あさひ公園の花壇を，25÷5をしたら，5になるので，えっと，1㎡あたり，5本，になるので，1㎡あたりに，花が，5本咲いていることになりました。
同じように，みどり公園の，花壇も，28÷7をしたら，4になるので，1㎡あたり，に，花が4本咲いていることになります。
あさひ公園の，方が，1㎡，あたりに，たくさん咲いていることになるので，えっと，あさひ公園の方が，こんでいると思いました。

注．〔　〕内は非言語的行動を表す．

説明活動

　説明活動は，例えば，ひき算解法を用いた児童のビデオを視聴させ，「A君の解き方で，どうして『あさひ公園の方が，こんでいる』という答えが出るのかな？　図も使って考えよう」と自由記述を求めた。教示を印刷した用紙の解答欄には，式や言葉が自由に記述できるスペースと，2つの花壇を表す長方形の枠を設けた。枠の大きさは，課題文中の花壇の面積に比例させた。枠に関して，児童には，「公園の花壇を四角形で書いたので，自由に使ってよい」と説明した。説明活動で使用したワークシートをFigure 3-2に示した。

手　続　き

　クラスごとに同一の実験者（筆者）が行った。プレテスト（8分），解法提

問題
あさひ公園の花だんは，面積が5㎡で，25本の花がさいています。
みどり公園の花だんは，面積が7㎡で，28本の花がさいています。
どちらの花だんの方が，こんでいますか。

A君のとき方で，どうして「あさひ公園のほうが，こんでいる」という答えが出るのかな？
図も使って考えよう。

あさひ公園
の花だん→　[　　　　　]

みどり公園
の花だん→　[　　　　　　]

Figure 3-2　説明活動で使用したワークシート

示－説明活動（20分），ポストテスト（5分）の順に実施した。解法提示では，どちらのクラスでも，ひき算解法，単位あたり解法を順に提示した。

（1）**プレテスト**　導入課題を2問実施した後，花壇の混み具合比較課題を1問実施した。混み具合比較課題は，課題の例に挙げた「面積5 m²で花25本の花壇と面積7 m²で花28本の花壇」の比較を求める課題であった。これを「事前－混み具合比較課題」とする。導入課題2問はそれぞれ「面積3 m²で花12本の花壇と面積3 m²で花15本の花壇」，「面積3 m²で花12本の花壇と面積4 m²で花12本の花壇」の比較であり，いずれも1量の大小比較で答えが出せる問題であった。

（2）**解法提示**　上記の事前－混み具合比較課題を解法提示－説明活動の対象として用いた。問題文と答えの選択肢，および式を黒板に示した。

まず1人目の解法を説明するビデオを，続けて2度提示した（所要時間3分）。この間，児童にはメモを自由に取らせた。ビデオを提示し終わると，説明活動を7分間行わせた。説明活動が終了すると，2人目のビデオを，続けて2度提示した。提示および説明活動の実施手続きは，「A君」の箇所をすべて「Bさん」に変更した以外は，1人目と同じであった。ビデオの再生には，教室に備え付けのテレビを使用した。

（3）**ポストテスト**　花壇の混み具合比較課題1問を実施した。「面積2 m²で花10本の花壇と面積3 m²で花12本の花壇」の比較を求める課題であった。これを「事後－混み具合比較課題」とする。

3.3.3. 結　果
混み具合比較課題

事前，事後の混み具合比較課題における解法変化の内訳を Table 3-3 に示した。式選択率は事前33.3%，事後83.3%，意味説明率は事前22.2%，事後59.3%であった。児童らに再生・評価活動を求めた研究2での式選択率の事前52.8%，事後84.5%，意味説明率の事前18.3%，事後42.3%と比べると，事後で意味説明率が上回る結果となり，説明活動の一定の効果が示唆された。しかし事前の課題成績が異なるため直接比較することは難しい。

そこで，事前にひき算解法以外の誤解法を用いた児童（「その他群」）に限定

Table 3-3 解法変化の内訳 (N=54)

事前	事後				
	単位あたり-意味	単位あたり-式	ひき算	その他	計
単位あたり-意味	9	3		1	13
単位あたり-式	2	4			6
ひき算	6	1	1		8
その他	15	5	3	4	27
計	32	13	4	5	54

して検討した。本研究では，Table 3-3 に見るとおり，事前にその他群であった27名中15名（55.6％）が「単位あたり-意味」にシフトしていた。この割合は，研究2の34.4％より高い傾向にあり（直接確率計算，$p<.10$），説明活動が広範な児童に効果を及ぼす可能性が示唆された。

説明活動

ひき算解法と単位あたり解法の説明活動での描画を分析した。54名中，ひき算解法で32名，単位あたり解法で34名が何らかの描画活動を行った。描画を行った延べ66名のうち，最も多かったのは，面積を適宜分割し，そこに花の数を描き表すものであった。

ひき算解法では，描画を行った32名中13名（40.6％）がFigure 3-3のようにみどり公園の7㎡の花壇を5㎡と2㎡に分け，その中に25本と3本の花を各々描き入れた。

単位あたり解法では，描画を行った34名中22名（64.7％）がFigure 3-4の

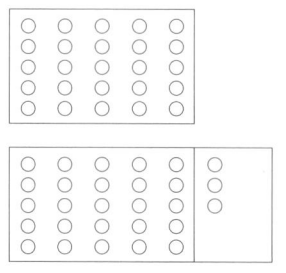

Figure 3-3 ひき算解法の説明活動における面積の分割，花の数の描画の例

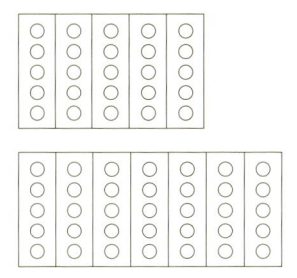

Figure 3-4　単位あたり解法の説明活動における面積の分割，花の数の描画の例

ように各公園の花壇を 1 ㎡ずつに区切る線を描き，各区画の中にあさひ公園の花壇は 5 本ずつ，みどり公園の花壇は 4 本ずつの花を配置した。これらの描画は，各解法の「面積や花の数の差分を出す」，「1 ㎡あたりの花の数を出す」といった数式操作を面積の分割と花の数を用いて可視化したものと考えられた。

次に，ひき算解法では，描画を行った32名中18名（56.3％），単位あたり解法では34名中12名（35.3％）が面積の分割はせずに，花の数のみ描画した。これと逆に，描画において面積の分割のみ行い，花の数は描かなかった児童は，ひき算解法で 1 名いたのみであった。児童にとって，花の数より面積の分割の描画の方が難しく，特にひき算解法で認知的な課題となりうることが示唆された。

最後に，まったく描画の無い児童が，ひき算解法で22名，単位あたり解法で20名いた。これらの児童の中には，花壇の枠の中に数式や文字を書くなど，描画のために設けられた花壇の枠の意図や利用の仕方が伝わっていないと考えられる児童も見られた。

単位あたり解法の学習の難しさの要因を検討するために，単位あたり解法における不適切な描画の例をFigure 3-5に示した。いずれも，ポストテストで単位あたり解法の意味理解に至らなかった児童の説明活動時の描画である。これらは共通して花の数量を表現しており，中には，花の数÷面積で求められる商（5や4）のまとまりを利用しているものもある。花の配置には，規則的な配置とランダムな配置の 2 種類が見られた。一方，すべての図において，各花壇の広さに応じ，花を満遍なく配置することはなされておらず，面積との関係

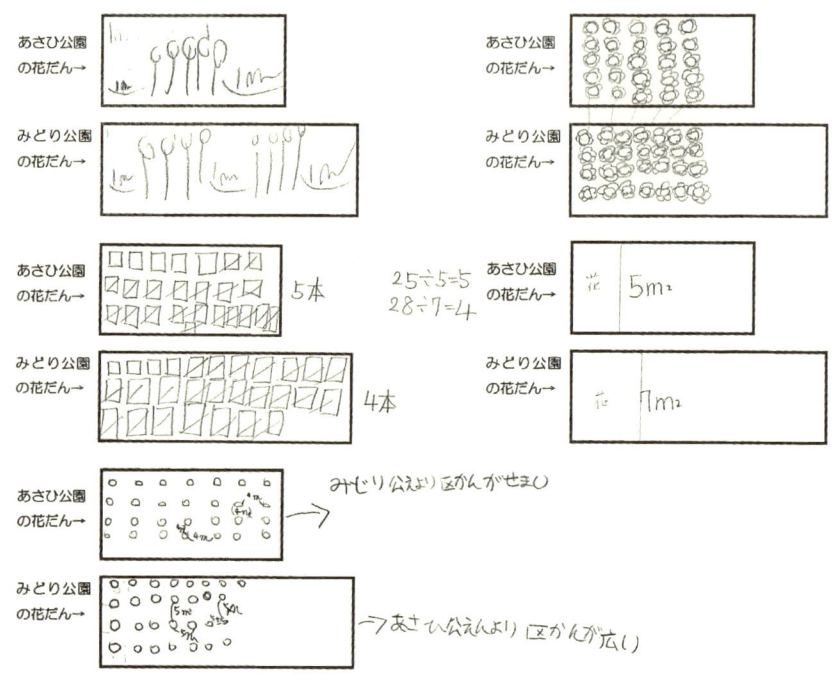

Figure 3-5　単位あたり解法の説明活動における不適切な描画の例

を考慮することができていないと言える。したがって，ポストテストで単位あたり解法の意味理解に至らなかった児童は，内包量（全体量÷土台量）の構成要素の内，特に土台量（単位面積）の意味理解に課題を持つ可能性が示唆される。

3.3.4. 考　察

　事前，事後の混み具合比較課題における解法変化の結果より，事後の単位あたり解法の意味説明率は，全体で59.3％であり，事前に「その他」であった児童のみでは55.6％であった。事前の解法が「その他」に分類された児童は，自分の考えた解法とは異なる，つまり，熟知度の低い解法2つ（ひき算解法，単位あたり解法）を提示されたことになるが，それにもかかわらず，従来（研究1，2，3）より，好ましい結果が得られたと言える。ビデオを用いて解法提

示を行い，再生・評価活動を求めた研究2（34.4%）と比べて有意に高い傾向にあり，広範な児童に複数解法からの学習を促進するという点で，説明活動に一定の効果が示唆された。

　説明活動が対象の理解を促進することは従来，知られていたが(e.g. Chi et al., 1989)，対象は教師の解説やテキストなど規範的な内容を用いたものが通常であった。本研究では，他の児童を情報源として，非規範的内容を含む場合であっても，これが効果的に機能する可能性が新たに示唆された。算数の授業においていったん全体の場で発表された他者の解法を，発表者以外も含め，各自に説明してみるという時間をとることは一般的ではなく，一部で試みた実践があるものの（文部科学省，2002；山口，2008），他の方法に比べて効果的であるかは実証的に検討されてこなかった。しかし，本研究の結果により，提示された解法でなぜその答えが出るのかを説明しようとすることが，構成要素レベルで解法を分析的にとらえることに役立ち，解法が問題状況のどの要素をいかに解決しようとしているかについての探索と学習を行わせ，複数解法提示の効果を高める可能性が示唆された。そこでこの点を実験的に検証する研究を行うこととした。その内容を次節の研究5にて報告する。

　このように説明活動が広範な児童に効果を及ぼす可能性が示唆された一方で，説明活動においてまったく描画のない児童も見られた。特に，単位あたり解法の説明活動において，花の数を規則的に配列しているだけで面積の分割を行っていない図は見られたが，逆に面積を1㎡ずつに分割しているだけで花の数を描いていない図は見られなかったことは，単位面積の理解がより難しいことを示唆していると考えられる。この結果に基づいて考えると，単位あたり解法の説明を聴いても，それを意味理解できない児童にとって，面積全体の中で1㎡分に着目する，または，1㎡ずつに分割する操作が特に理解し難いのではないかと推察される。単位あたり解法のように1㎡あたりの花の数を比較するという方法は，単に花を等分割しているのではない。例えば花壇5㎡内に25本が均等に配分されているという仮定の下，単位面積ごとに花が等分割されることで，1㎡あたりの花の数の比較が成り立つ（麻柄，1992，2001）。以上のように，なぜ1㎡あたりの花の数に着目することで混み具合の比較ができるのかという点の理解が単位あたり解法理解の難しさだと考えられる。

単位面積ごとの均等分布という前提は，内包量の基本的性質，すなわちどの部分をとっても内包量は一定であるという内包量の保存性（麻柄，1992，2001）を理解するうえでも，重要であると考えられる。内包量の保存性を指導した麻柄（1992，2001）は，均等分布であることが初めから決まっているような題材（金属の密度など）を用いたり，均等分布の仮定を明示的に直接教示したりしている。よって，均等分布の場面を構成したり，なぜそれが必要であるのかを理解したりすることがなされにくいため，それを学習課題として位置づけ，児童自らに気づきを促す必要があるというとらえ方はなされてこなかった。しかし，均等分布を仮定すること自体，単位あたり解法の一部であり，このことに児童自身が気づくような学習活動が支援されるべきであろう。その点，ひき算解法では均等分布を仮定しないという特徴があり，ひき算解法と単位あたり解法との間には適切な差異がある。これをうまく活用できれば，単位あたり解法の理解を促進できる可能性がある。

　以上，研究4により，単位あたり解法学習が困難である背景がより詳細に明らかになり，そのつまずきの克服のためにひき算解法に対してどのような気づきが起こればよいかを考察しえた。単位あたり解法の説明時に，花の数は描かれやすいが面積の分割は描かれにくかったという結果を踏まえ，研究5では，解法を表す図として花の数のみ予め記入しておき，そこに面積の分割を描き込める状態の図を用いて説明活動を行わせることにした。花の数を示すことで花壇全体の輪郭を表すという枠の意味が明確になると考えられる。他方で，実際に面積の分割を描画するか否かは児童に任せることで，診断的な介入を行うことにした。

第4節　研究5：説明活動の効果—評価活動との比較

3.4.1.　目　　的

　本研究は，算数授業において「なぜその解法で答えが出るか」を説明する活動を複数の解法について行うことが，単一の解法のみを対象とする場合に比べ，高い学習成果をもたらすかを実験的に検証する。具体的には，混み具合比較課題を用いた実験授業を行い，ひき算解法と単位あたり解法という複数の解法を学習者自身で説明することが単位あたり解法の学習を促進するかを検討す

る。これによって，複数解法を説明することが，単に規範的な解法を繰り返し検討する場合を超えて，学習者一人ひとりの解法の学習の深まりに寄与しうるかを検証する。

算数授業における複数解法の検討

　序論で述べたように，日本の算数授業には，共通の課題に各自が取り組み，解法をクラスで発表して検討する授業形態（練り上げ授業）があり，国際比較上は解法の概念理解を促進するものとみなされてきた（Stigler & Hiebert, 1999）。異なる考えを出し合うことが理解に寄与する条件を実験室で検討してきた協調学習研究によると，異なる考えというバリエーションが集まり，それらが可視化されるなど学習者の間で共有されやすく，比較検討するなど吟味しやすい場合に,他者と共に学ぶメリットが発揮されると言われる（三宅・白水, 2003）。このバリエーションの集積・共有・吟味という条件に照らすと，上記の授業形態は，教室の多くの学習者から考えが集まると期待できる分，解法のバリエーションの集積には有利であると考えられる。すなわち，児童らが考えた解法を発表し合うため，「解法のバリエーションの集積」という協調場面の利点が実際に生じやすい。しかし，解法が共有されるだけでは，必ずしも一人ひとりの解法の吟味過程は保証されない。実際，練り上げ授業の詳細な観察からは，授業終盤の解法の検討が一部の児童と教師間で行われがちで，学習成果も全員には共有され難いことが報告されている（佐藤，2006；白水，2008）。

　さらに，教科教育学の立場からは，正しい解法を安定して使える段階にない児童にとって，その他の解法の聴取はさらなる混乱につながると懸念する声もある（菊池，2006）。確かに，単に正しい解法を覚えるのであれば，繰り返し1種類の解法を提示する方が有利であるかもしれない。

　実験室研究からは，同一問題に対する「複数解法提示」と「単一解法提示」の効果の差異は，学習者の要因によって異なることを示唆するものがある。具体的には，同一問題に対する正誤両解法の提示が，正解法のみの提示よりも有効であるのは，学習者が正解法の基礎となる知識をもつなど，検討対象の解法を比較的熟知する場合である（Große & Renkl, 2007）。その場合には，正誤両解法の手続きを対比しながら，下位手続きに分解し，いずれが解の導出を可能にする原理であるのかという，1つの解法を吟味するだけでは得難い重要な

構成要素への理解を深められるからであると解釈される（Crowley et al., 1997）。しかし，これらの研究には，解法の提示と検討方法を共に操作したものはない。検討対象の解法を熟知する学習者でなくとも，解法手続きを比較して，構成要素を吟味できる機会を設ければ，規範的な解法のみを提示する場合より，非規範的な解法と共に提示する方が学習の促進につながる可能性は残されている。

　以上のように，複数解法検討の問題点の指摘は，複数解法をいかなる活動で検討するかとセットで論じられていなかったという点で議論の余地がある。学校現場では，解法発表後に「どれがわかりやすかったか」など主観評価の自己報告を求める方法が広く使われており，そのような検討方法を前提とした複数解法検討が，効果を疑問視する見解を招いている可能性もある。これらを踏まえると，クラス全体でのバリエーションの集積というクラスサイズの協調活動の利点をいかして，複数解法を検討することが，単に規範的な解法を繰り返し検討する場合を超えて，学習者一人ひとりの解法の学習の深まりに寄与するのは，解法をいかなる活動で検討する場合であるかを検証する研究が求められていると言えよう。

　上記の課題に答えるための研究枠組みの1つは，同一課題の解法例として「異なる2つの解法を提示する条件」（複数解法提示条件）と「同種の解法を2度提示する条件」（単一解法提示条件）とを設け，前者が後者を上回る学習成果をもたらすのは，解法提示後，学習者にどのような検討を求めたときかを検証するものである。そこで，本研究はこの枠組みのもと，複数解法の有効な検討方法を検証する。

　一方で，複数解法検討の効果を高めるために，解法発表前の個別の課題解決の段階から支援することももちろん考えうる。発表される解法を個別の課題解決で各学習者が使用するよう促せば，その解法の手順と機能は既知のものであり，類推から他の解法の特徴を把握しやすくなることが期待できる[11]。これ

---

11) こうした意図の実践として，基礎知識を教えて挑戦的な課題に多様な解法が出るようにしたうえで効率的なものを選別させる「教えて考えさせる授業」（市川, 2008）や，既有知識を活用できる課題を用いることで，多くの子どもが個別の課題解決に成功するよう導く方法（藤村・太田, 2002），個別解決時の机間指導やヒントカードの使用などで1つの解法を確実に使えるように促す方法（矢部俊昭・呉市立坪内小学校, 2005）などがある。

については，藤村・太田（2002）が導入課題を操作することで，個別の課題解決の成功を高めると同時に，解法発表で提示される解法の1つを多くの児童にとって既知の解法であるようにすることにより，その解法を含まない複数解法検討に比べて，児童の参加や学習成果が高まることを示している。

これに対して，解法発表後の検討方法に改善を加えるだけでも効果を高めることは可能であろうか。このような試みとして，解法の検討段階でクラス議論から小グループ活動に「もどす」方法（佐藤，2006）や，解法の発表者が式や図などの解法を部分的に発表し，どのように考えたかを他の児童らが推理する方法（文部科学省，2002；山口，2008）などの実践はある。しかし，このようにいったん全体の場で発表された解法を個々が引き取り説明を試みる活動の有効性は検証されておらず，本研究において検討する意義は大きいと言える。

以上より，本研究は，規範解法のみを提示する条件と，非規範解法と規範解法を提示する条件とを用意し，後者がより学習促進効果を持ちうるという複数解法提示効果が，解法発表後にどのような活動を児童に求めた場合に生じるかを検討する。具体的には，比較検討する価値のある解法が出やすい算数の「混み具合」課題を題材として，その理解に役立つ解法の外化物（図）を準備したうえで，「なぜ答えが出るのか」を説明する機会を与えることの効果を明らかにする。

内包量比較に対する説明活動の効果

本研究で用いた混み具合比較課題は，内包量比較課題の一種であり，例えば，「5 ㎡に25本の花が咲いている花壇と，7 ㎡に28本の花が咲いている花壇のどちらが混んでいるか」の判断を求めるものである。規範的には，

　　25本÷5 ㎡ = 5 本＞28本÷7 ㎡ = 4 本　……①

といった公式で単位あたりの量（1 ㎡あたりの花の本数）を求め大小比較する「単位あたり解法」で解かれる。これを図示すれば Figure 3-6 b のようになるであろう。

これに対し，未習の児童は，

　　7 ㎡ - 5 ㎡ = 2 ㎡，28本 - 25本 = 3 本　……②

という同種の量の差を求めて答えを導こうとする「ひき算解法」を取りがちであることが知られている（藤村，1993，1997；日野，1998）。割り算よりも使

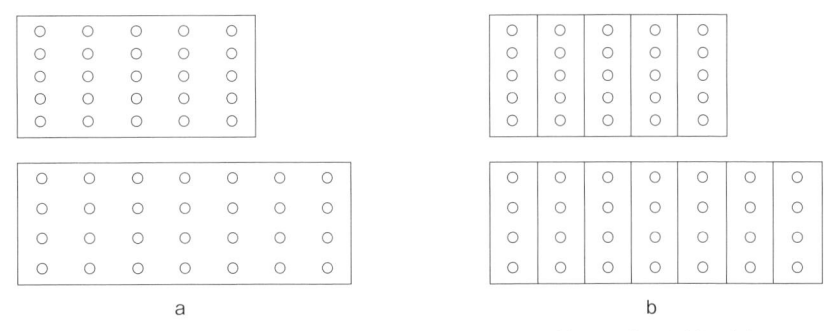

Figure 3-6　単位あたり解法の説明活動で提示した図（a）と面積の分割例（b）

いやすいひき算だけで操作が済むこと，および，異種の量より直感的にわかりやすい同種の量同士を関係づけられる点が解法選好の理由であろう。求めた差をどう比べれば，大小判断できるかが難しいが，この解法を取る児童には「2 m^2 も広いのに3本しか増えていない（ので後者の花壇がすいている）」という回答がよく出ることが知られている（河﨑，2006）。この推論過程を図示すれば，Figure 3-7bのように2つの花壇で揃えた左部分と差分の右部分とを比較して混み具合を判断していると言えよう。このようにひき算解法は，単位あたり解法に比べて非規範的な解法でありながら，その活用の仕方によっては，単位あたり解法を学習するためのリソースになりうると考え，本研究で取り上げた。

　混み具合比較課題の解決過程は，大きく関係表象過程と比較過程に分けられ，前者はどのような数量を取り上げてその間の関係を表象するかという過

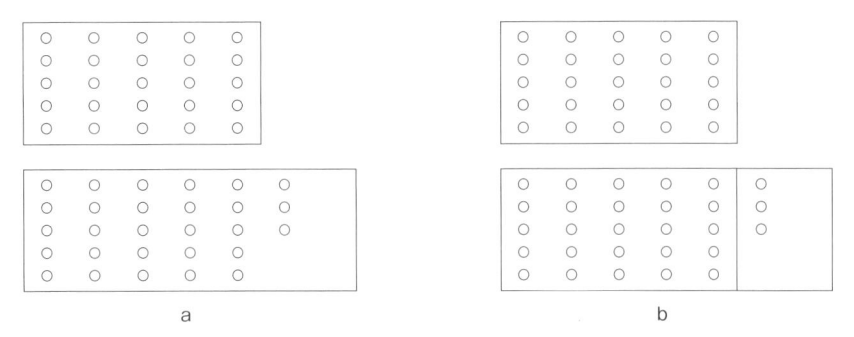

Figure 3-7　ひき算解法の説明活動で提示した図（a）と面積の分割例（b）

程，後者はその結果を比較する過程を指す(藤村，1997)。上記の例で言えば，前者は7㎡，5㎡，28本，25本という4つの数量から2つを選んで2項関係を形成する過程であり，上記の2解法はこの時点から異なると言える。したがって，両解法でなぜ答えが導かれるかを説明しようとすると，課題場面に立ち戻ってその関係の表象を再検討することが求められる。このように関係表象としていかなる要素を取り上げ，それをどう関係づけて「公式」化するかの吟味は公式自体の意味の理解と保持を促すと考えられる。近時の学習科学研究は，関係表象について吟味する活動が転移可能な概念理解を可能にすることを示唆している（Clement, 2008；Schwartz, Chase, Chin, & Oppezzo, 2009；Schwartz & Martin, 2004）。

そこで本研究では，ひき算解法と単位あたり解法の説明活動に次の2点で学習促進効果が見込まれると考えた。第1の点は，単位あたり解法の理解レベルとして，「花の本数を面積で割って得た商を大小比較するという手続きの運用」だけでなく，「計算の目的，商の意味（1㎡あたりの花の数）の理解」に到達することである。ひき算解法の説明活動において「2㎡に3本」をFigure 3-7 aの中に同定することで「ある面積に花の数を割り当てる」関係づけ方の事例が蓄積されることが，単位あたり解法の「1㎡に5本／4本」という事例の特殊性（1㎡にそろえて比較していること）の認識を高め，学習成果として，新たな問題にも手続きの意味（単位あたり解法の計算の目的や商の意味）を説明したうえで活用できるような解決の仕方を促進する可能性がある。

説明活動中のこうした分節化の過程は，Figure 3-6 b，3-7 bに示したような図への分割線を描き込んで「2㎡に3本」や「1㎡に5本／4本」を視覚的表象として同定する描画，あるいは面積と花の本数への言及など，面積と花の本数を関係づけようとする言動に表れると考えられる。

第2の点は，単位あたり解法の公式指導の問題点として，公式の運用は達成できても，「÷」が均等操作（ならす）の概念を表し，その結果「密度」は「全体量あるいは土台量の多少にかかわらず一定の強さ（詰まり具合）を表す」ことの理解までには到達しにくいという指摘(麻柄，1992)と関係する。例えば，Figure 3-8のような図に対して「西公園の花壇の方が混んでいる」と判断することは「誤り」であると指摘できることに均等操作の理解は現れるであろう。

1㎡に5本いれる。 あとは，1㎡に1本ずつ。

東公園の
花だん→

西公園の
花だん→

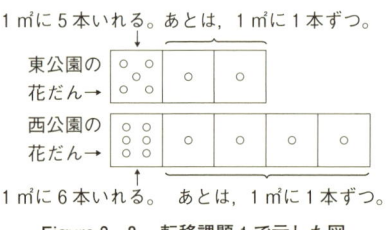

1㎡に6本いれる。 あとは，1㎡に1本ずつ。

Figure 3-8　転移課題1で示した図

単に1㎡あたりの花の数で混み具合が比較可能と理解していれば，唯一違いの見られる最も左側の区画にだけ注目してしまい，正しく判断できない可能性がある。

　この点にもひき算解法の説明活動が有利に働く可能性がある。具体的には，差分に集約された余剰スペースの総量で混み具合を判断するひき算解法は，「混み具合は空きスペース（隙間）の総量で判断される」という数学的な原則にのっとったものである。この原則は当然単位あたり解法にも当てはまる必要があるが，「均等分布」している場合は，1㎡あたりの花の数を比較するだけでよい。逆に1㎡あたりの花の数を求めることの背後に均等操作が前提として伴われており，それが単位あたり解法で答えを出せる理由であることに気づくには，ひき算解法の説明活動において認識した混み具合比較の原則に照らし，1㎡あたりの区画内の隙間を花壇全体分足し合わせて比較しても大小関係は確かに同じ答えになるといった検証を踏むことが有効に働く可能性がある。

　このプロセスとして，ひき算解法の説明活動中に，「スペースの有無」を混み具合判断に結びつける気づきが生じやすく，また，単位あたり解法の説明活動中に，「スペースの有無」への注目や「同一花壇の中で花が一定の割合で敷き詰められていること（均等分布）」を混み具合判断に結びつける説明が現れると考えられる。またこの学習成果として，単位あたり解法の手続きの意味を説明できるだけでなく，Figure 3-8のような混み具合比較にも正答できると推測される。

　以上をまとめると，ひき算解法の説明活動を行ったうえで単位あたり解法の説明活動に臨んだ場合には，以上2点の利点が享受できるプロセスを経て，単位あたり解法の意味説明や均等分布の理解においてより高い学習成果が得られ

ると考えられる。
本研究の枠組み
　実験操作は，2度の解法提示のうち，1回目に提示する解法の種類で行う。ひき算解法を提示し，単位あたり解法を提示する条件（Informal-Formal; IF条件）と，単位あたり解法を2回提示する条件（Formal-Formal; FF条件）である。これを解法提示後の活動と組み合わせ，研究5では，IF－説明条件，FF－説明条件，IF－評価条件，FF－評価条件の4条件を設けた。なお，先述した説明活動の効果を実現するために説明条件には図を提供したが，評価条件は現実の授業での解法への主観的評価活動を模すために提供しなかった。その点で研究5の両者の比較は1要因の因果を検証するためよりも，IF－説明条件で望ましい効果が起きることを確認し，詳細なプロセス分析に値するデータを同定するために行った。

3.4.2. 方　　法
参 加 者
　大阪府および京都市の公立小学校5年生4クラス計132名（男子71名，女子61名）。内包量の算出や比較方法は未習。
課　　題
　（1）混み具合比較課題　　研究1と同様に，小学6年生の算数「単位量あたりの大きさ」（内包量）の混み具合比較課題を使用した。例えば，「あさひ公園の花壇は，面積が5㎡で，25本の花が咲いています。みどり公園の花壇は，面積が7㎡で，28本の花が咲いています。どちらの花壇の方が，混んでいますか」と問う課題であった。「あさひ公園の花壇」，「みどり公園の花壇」，「どちらも同じ」から1つを選んで○をつけ，そう考えた理由を言葉や式や絵などでできるだけ詳しく書くよう求めた。

　（2）転移課題1　　それぞれ「面積が3㎡で7本」，「面積が5㎡で10本」の花が咲いている東公園と西公園の花壇の混み具合を比較する問題に対して，Figure 3-8の図を描き「西公園の花壇の方が混んでいる」と答えを出したC君の答えを正しいと思うかどうかを「ア．正しい」，「イ．正しくない」の2択でたずねた。また，そう思う理由もたずねた。この課題を実施した目的は，均

等分布の理解を検討することであった。正答は，イの「正しくない」であった。実際に児童に配布した問題を付録として添付した。

　　（3）転移課題2　　「花壇Aに，Aと同じ混み具合の花壇Bをくっつけました。くっつける前の花壇Aと比べて，くっつけた後の花壇全体の方が，混んでいますか？　どうですか？」という問題に対して，「ア．くっつけた後の方が，混んでいる」，「イ．くっつけた後の方が，すいている」，「ウ．くっつける前と後で，変わらない」，「エ．計算しないと，わからない」の4択から選択を求めた。問題文，2つの花壇を表す図（ただし花は描き入れない），および選択肢をA0判のポスターに印刷して黒板に掲示し，掲示後1分間でテスト用紙に回答を記入させた。内包量保存の理解（麻柄，1992）を検討することをねらった。正答は，ウの「変わらない」であった。掲示した内容を付録として添付した。

採点基準

　混み具合比較課題に関しては，児童の解答は，単位あたり解法に関する2つのレベルで採点した。正しい答えを選んだうえで，単位あたり解法の式を正しく使用し，手続きの意味（共通単位1㎡あたりの花の数を求めていること）の説明も行った場合を「単位あたり－意味」とし，答え，式は同様に正しいが，意味説明については行わなかった場合を「単位あたり－式」とした。意味説明の具体例は「1㎡あたりで考えると，25÷5＝5，28÷7＝4で，あさひ公園の方が1㎡あたりの数が多いから答えはあさひ公園だと思います」などである。転移課題1に関しては，正答を選び，かつ理由として，均等分布していないことを指摘したり（例：「はじめの花壇の数が違うから」），花の移動を図に描き込んで均等分布させると東公園の方が混むことを示した児童の割合（理由つき正答率）を算出した。転移課題2に関しては，正答とその他の選択肢を選んだ児童の割合をそれぞれ算出した。

ビデオ

　解法提示には事前に作成したビデオを使用した。調査対象の児童らと同年代の児童が，解法を説明するものであった。IF条件の1人目（Table 3-1（p.67）），FF条件の1人目（Table 3-4），両条件の2人目に提示する3種類を使用した（Table 3-2（p.68））。FF条件の1人目の解法説明は，意味説

第4節　研究5：説明活動の効果―評価活動との比較

Table 3-4　ビデオの内容：1人目単位あたり解法（研究5）

答えはアです。〔丸をつける〕
なぜかと言うと、まず、あさひ公園の花壇は25÷5をしたら、5になるので、同じようにみどり公園の花壇は28÷7をしたら、4なので、あさひ公園の方が、1㎡あたりにたくさん咲いていることになるので、あさひ公園の方が混んでいると思いました。

注.〔　　〕内は非言語的行動を表す。

明を含むものの2人目よりは簡潔にし、かつ「1㎡あたりの花の数を求める」という計算目的を割愛したものとして、2人目の説明と対比可能なものとした（長さ30秒）。いずれのビデオでも、児童1名が黒板の前に立ち解法を説明した。黒板には、説明する解法で使われる式が予め板書されていた。

条件別活動

　「本研究の枠組み」に記した説明条件、評価条件でそれぞれ以下の条件別活動を行わせた。

　（1）**説明活動**　　例えば、ビデオでひき算解法を提示した後、ワークシートを配布し（B4判）、「A君の解き方で、どうして『あさひ公園の方が、混んでいる』という答えが出るのかな？　図も使って考えよう。『A君のかいた図』にかきこみたいことがあったら、自由にかきこんでください」と自由記述を求めた。ワークシートには、教示を記述し、式や言葉が自由に記述できるスペースを設け、ビデオに出てきた児童の描いた図としてFigure 3-6aまたはFigure 3-7aを記載した。説明活動で使用したワークシート（ひき算解法提示時、単位あたり解法提示時）を付録として添付した。

　（2）**評価活動**　　ビデオで解法を提示した後、ワークシートを配布し（B4判）、まず「A君が発表で言っていたことを、なるべく全部思い出して、書いてみてください」と自由記述を求め、「A君の考え方がどのくらいわかったか」、「A君の考え方でどのくらい正しい答えが出せると思うか」、「A君の考え方をどのくらい使いたいか」を4件法でたずねた。いずれも1が最も否定的、4が最も肯定的なものとした。評価活動で使用したワークシートを付録として添付した。

手続き

　プレテスト（8分）、解法提示-条件別活動（20分）、ポストテスト（10分）

の順に実施した。各条件すべての手続きを同一実験者が実施した。4条件を設け，1クラスずつ割り当てた。IF-説明条件（34名），FF-説明条件（33名），IF-評価条件（29名），およびFF-評価条件（36名）であった。

（1）プレテスト　導入課題を2問実施した後，花壇の混み具合比較課題を1問実施した。混み具合比較課題は，課題の例に挙げた「面積5㎡で花25本の花壇と面積7㎡で花28本の花壇」の比較を求める課題であった。これを「事前-混み具合比較課題」とする。導入課題2問はそれぞれ「面積3㎡で花12本の花壇と面積3㎡で花15本の花壇」，「面積3㎡で花12本の花壇と面積4㎡で花12本の花壇」の比較であり，いずれも1量の大小比較で答えが出せる問題であった。

（2）解法提示　上記の事前-混み具合比較課題を解法提示-説明活動の対象として用いた。問題文と答えの選択肢，および式を黒板に示した。

まず1人目の解法を説明するビデオを，続けて2度提示した（所要時間3分）。この間，児童にはメモを自由に取らせた。この1人目の解法提示に関して，ひき算解法か単位あたり解法かを条件操作した。ビデオを提示し終わると，説明活動（または評価活動）を7分間行わせた。説明活動（または評価活動）が終了すると，2人目のビデオを，続けて2度提示した。2人目の解法提示および説明活動（または評価活動）の実施手続きは，「A君」の箇所をすべて「Bさん」に変更した以外，1人目と同じであった。ビデオの再生には，教室に備え付けのテレビを使用した。

（3）ポストテスト　「事後-混み具合比較課題」として，「面積2㎡で花10本の花壇と面積3㎡で花12本の花壇」の比較を求める混み具合比較課題1問を実施した。さらに転移課題1，2も実施した。

3.4.3. 結　果
混み具合比較課題

事前，事後の混み具合比較課題における解法変化の内訳を条件ごとにTable 3-5に示した。条件によって事前の意味説明に正答した児童の人数に違いが見られたため，これを除いた113名の児童を分析対象とした（IF-説明条件31名，FF-説明条件31名，IF-評価条件23名，FF-評価条件28名）。

Table 3-5 解法変化の内訳 (N=132)

IF-説明条件(n=34)

事前	単位あたり-意味	単位あたり-式	ひき算	その他の誤り	計
単位あたり-意味	3*				3
単位あたり-式	1	1			2
ひき算	1	1	2		4
その他の誤り	13	5	2	5	25
計	18	7	4	5	34

FF-説明条件(n=33)

事前	単位あたり-意味	単位あたり-式	ひき算	その他の誤り	計
単位あたり-意味	1			1	2
単位あたり-式		5	1	2	8
ひき算		1	1		2
その他の誤り	4	12	1	4	21
計	5	18	3	7	33

IF-評価条件(n=29)

事前	単位あたり-意味	単位あたり-式	ひき算	その他の誤り	計
単位あたり-意味	6				6
単位あたり-式	1	1		1	3
ひき算	5	2	2		9
その他の誤り	3	2	2	4	11
計	15	5	4	5	29

FF-評価条件(n=36)

事前	単位あたり-意味	単位あたり-式	ひき算	その他の誤り	計
単位あたり-意味	7**	1			8
単位あたり-式	3	3			6
ひき算	1				1
その他の誤り	6	10		5	21
計	17	14	0	5	36

注. *には事前-混み具合比較課題を倍数関係で正答した1名も含む.
　　**には事前および事後-混み具合比較課題を倍数関係で正答した1名も含む.

事前に「単位あたり-意味」解法を用いなかった113名について,事後-混み具合比較課題における「単位あたり-式」,「単位あたり-意味」,その他の人数を集計し,Figure 3-9に示した.

「単位あたり-式」と「単位あたり-意味」を足した割合,すなわち,単位あたり解法を適用した児童の割合は4条件で大きくは異ならなかったが,その内訳である「単位あたり-式」と「単位あたり-意味」の偏りが異なった.χ^2検定の結果,人数の偏りは有意であり($\chi^2(6) = 15.6, p<.05$),残差分析の結果,IF-説明条件の意味説明正答者数とFF-説明条件の式正答者数が有意に多く,IF-説明条件の式正答者数とFF-説明条件の意味説明正答者数が有意に少なかった.IF-説明条件で意味説明が促進されたと言える.

さらに,事前にその他の誤解法を用いた児童(その他群)に絞って,同様の分析を行ったところ,人数の偏りは有意であり($\chi^2(6)=12.9, p<.05$),IF-説明条件の意味説明正答者数,FF-説明条件の式正答者数,IF-評価条件の「ひき算・その他」の解法者数が有意に多かった.また,IF-説明条件の式正答者数が有意に少なかった.IF-説明条件の意味説明促進効果が広範な児童にも効果を及ぼすこと,一方でFF-説明条件は,効果が形式的な「式」利用促進に留まること,評価条件では複数解法提示の効果が見られないことが示唆された.

説明活動

上記結果に至るプロセスを検討すべく,両説明条件における説明活動の詳細を分析した.

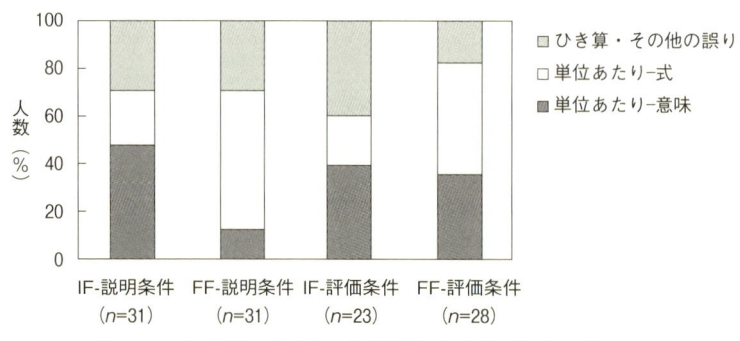

Figure 3-9 事後-混み具合比較課題における回答分布(研究5)

第4節 研究5：説明活動の効果—評価活動との比較

1人目の解法ビデオ提示後の説明活動で，面積と花の数を合わせて記述（言語化）した人数（IF-説明条件は「2 ㎡と3本」，FF-説明条件は「1 ㎡と5本または4本」への言及），「面積の分割」を行う花壇の枠への「区切り」を描画した人数（Figure 3-6 b, Figure 3-7 b）を集計し，Table 3-6に示した。IF-説明条件は全体の58.1%が少なくとも言語化か描画を行ったが，FF-説明条件では全体の29.0%しか行わず，直接確率計算による比較の結果，有意な差が見られた（$p<.05$）。特にFF-説明条件では，言語化した児童の割合が12.9%と小さかった。

次に，規範解法が発表された2人目の解法提示後の説明活動について，ワークシートに単位あたり解法の意味説明を記述した児童としなかった児童の比率を算出し，Figure 3-10に示した。記述率について直接確率計算により比較したところ，有意な差が見られ，IF-説明条件（51.6%）の方がFF-説明条件

Table 3-6　1人目の説明課題の記述（$N=62$）

面積と花の数の記述	面積の分割	IF-説明条件	FF-説明条件
○	○	3	4
○	×	7	0
×	○	8	5
×	×	13	22

(人)

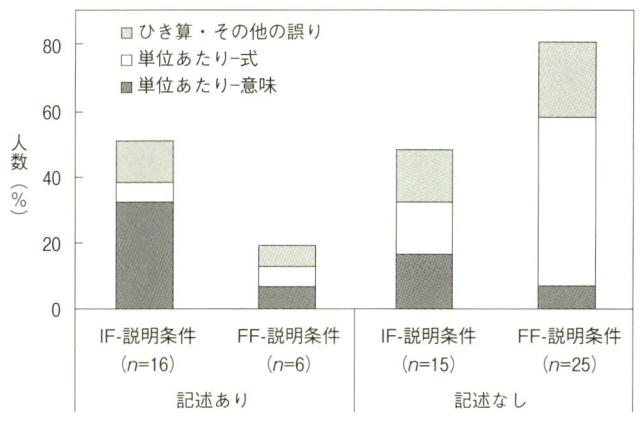

Figure 3-10　2人目の説明活動における意味説明の記述率と事後-混み具合比較課題との関係（$N=62$）

（19.4％）よりも多かった（$p<.05$）。

以上より，IF-説明条件では，FF-説明条件に比して，1人目の解法説明時から積極的な言語化や描画が見られ，2人目の解法説明時に単位あたり解法の意味が記述される傾向が見られた。

その他の説明活動の例を分類した。Table 3-7に，IF-説明条件のひき算解法説明活動における不十分な事例の内容を示した。この内，ひき算解法の説明を求めた時の「ひき算解法の不十分な描画」の例をFigure 3-11a, bに示した。

Table 3-7　IF条件1人目のひき算解法説明活動：不十分な事例（$N=13$）

記述・描画内容（人数）
空欄（4）
単位あたり解法の不十分な記述（2）
例：「$25\div5=5$　あさひ公園の花壇は5倍　$28\div7=4$　みどり公園の花壇は4倍」
ひき算解法の不十分な記述（3）
例：「あさひ公園の花壇の面積が5㎡，みどり公園の花壇の面積が7㎡。まずこの2つの公園の花壇をひき算します。そしたら」
ひき算解法の不十分な描画（2）
例：Figure 3-11参照
ひき算解法の独自の解釈（3）
例：「あさひ公園は面積も少なくて花も少ないからやと思う」，「あさひ公園は，ぴったり花がうまっているけれど，みどり公園は，余りの部分がいっぱいある」
問題場面（解決に必要な情報）の確認の途中（1）
例：「図を見て考えてみたら，1つの面積が5㎡で，もう1つの面積が7㎡で，5㎡の花壇には，」

注．2名で重複カウントあり。

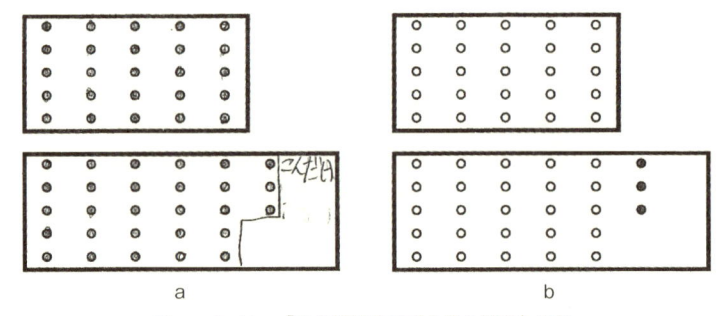

a　　　　　　　　　　　　b

Figure 3-11　「ひき算解法の不十分な描画」の例

Table 3-8 には，FF-説明条件の1人目の単位あたり解法説明活動における不十分な事例の内容を示した。このうち，「ひき算解法的な描画」の例を Figure 3-12a に示した。また「独自の不適切な描画」の例を Figure 3-13a に示

Table 3-8　FF 条件1人目の単位あたり解法説明活動：不十分な事例（N=22）

記述・描画内容（人数）
空欄（3）
単位あたり解法の不十分な記述（5）
例：「A君は花壇の面積が5㎡だから花は25本だから面積÷花をしたら5になるからあさひ公園がいいと思う」
ひき算解法的な不十分な記述（途中）（1）
例：「あさひ公園とみどり公園の面積だったら，あさひ公園の方が面積がせまくて，本数」
ひき算解法の記述（1）
例：「図を見ると5㎡の花壇に5本1列で花を植えているけど7㎡の花壇は1列4本になっているから，まず7㎡の花壇の花を5本移動させて5本1列にします。5㎡の花壇は5㎡に5列だから間隔が1㎡と考えて7㎡は引っ越しした残りが3本なのに対して2㎡余っているからアの方が混んでいる」
ひき算解法に似た描画（6）
例：Figure 3-12a 参照
独自の不適切な記述（2）
例：「ちっちゃいから花を少なくすると混んでみえる。大きいから花を多くするとすかすかに見えてしまう」
独自の不適切な描画（2）
例：Figure 3-13a 参照
不明瞭な線，書き込み（3）
問題文（途中）（1）
例：「あさひ公園の花壇は5㎡，みどり公園の花壇」
疑問（1）
例：「なぜわり算でやったのかわからない」

注．3名で重複カウントあり。

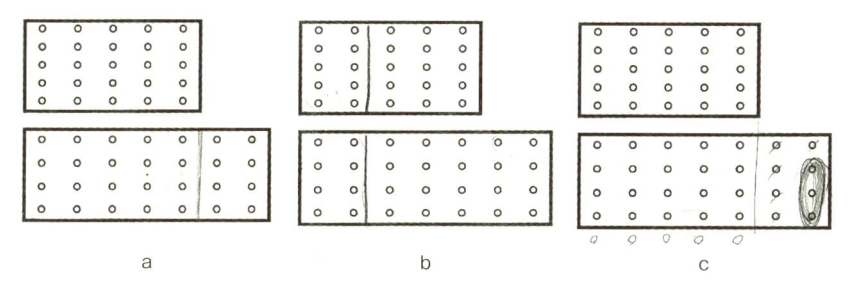

Figure 3-12　「ひき算解法に似た描画」の例

した。

Table 3-9 には，IF-説明条件の単位あたり解法説明活動における不十分な事例の内容を示した。このうち「ひき算解法に似た描画」の例を Figure 3-12b に示した。また「単位あたり解法の不十分な描画」の例を Figure 3-14a に示した。

Table 3-10には，FF-説明条件の2人目の単位あたり解法説明活動における不十分な事例の内容を示した。このうち，「ひき算解法に似た描画」の例を

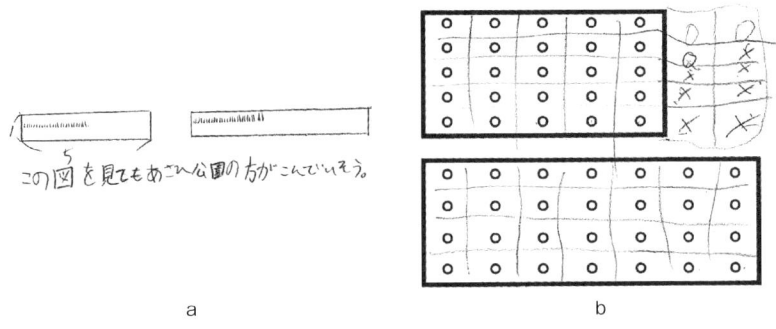

a　　　　　　　　　　　　　　　b

Figure 3-13 「独自の不適切な描画」の例

Table 3-9　IF条件2人目の単位あたり解法説明活動：不十分な事例（N=15）

記述・描画内容（人数）
空欄（1）
単位あたり解法の不十分な記述（11）
例：「あさひ公園の花壇の縦の花の数は5本だけど，みどり公園の花壇は縦の数が4本なので，5本の方が花と花の間隔が短いから」
単位あたり解法の不十分な描画（2）
例：Figure 3-14a 参照
ひき算解法に似た描画（1）
例：Figure 3-12b 参照
独自の不適切な記述（1）
例：「あさひ公園はつめつめ（こんでいる）みたいだけど，みどり公園は，すきまがあいていて，あさひ公園よりは，混んでいない」
問題文（途中）（1）
例：「あさひ」
疑問（1）
例：「割り算する意味がわからなかった」

注．3名で重複カウントあり。

Figure 3-12c に示した。また「独自の不適切な描画」の例を Figure 3-13b に，「単位あたり解法の不十分な描画」を Figure 3-14b に示した。

このように，どのような記述もなかったのは1人目，2人目の順に IF - 説明条件で4名，1名，FF - 説明条件で3名，8名で，ほとんどの児童は何ら

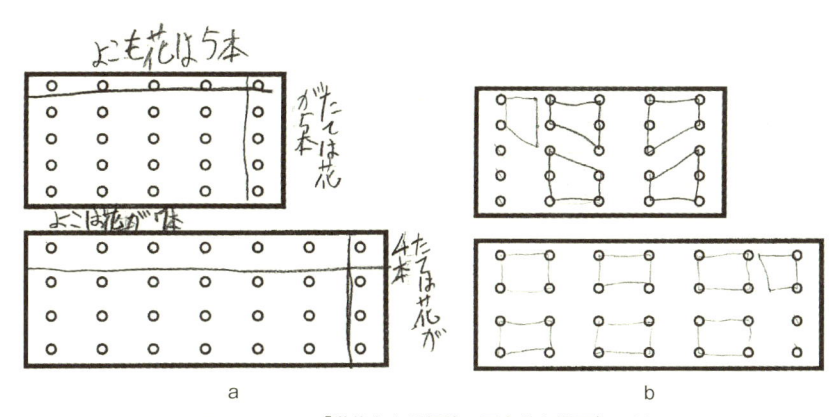

Figure 3-14 「単位あたり解法の不十分な描画」の例

Table 3-10 FF条件2人目の単位あたり解法説明活動：不十分な事例 (N=22)

記述・描画内容（人数）
空欄（8）
単位あたり解法の不十分な記述（5）
例：「割って高い方が答え」
単位あたり解法の不十分な描画（3）
例：Figure 3-14b 参照
ひき算解法に似た描画（1）
例：Figure 3-12c 参照
独自の不適切な記述（3）
例：「5cm²に2cm²を足したら7cm²になって，25本に3本足したら28本になる。でも，面積も同じで花の本数も同じでも，あさひの方とみどりの方とは7本も違いがでる」
独自の不適切な描画（3）
例：Figure 3-13b 参照
不明瞭な線，書き込み（1）
問題文（途中）（1）
例：「あさひ公」
疑問（4）
例：「割り算する意味がわからなかった」

注．7名で重複カウントあり。

かの書き込みを行った。基準に満たない記述や描画であっても創意工夫の形跡が見られることから，言語的説明や図が提供されてもそれがストレートに解法の核心の指摘へとはつながりにくいことが示唆されるとともに，各自のわかることや知っていることを持ち込み思考する様子がうかがえた。

転移課題 1

以上の条件の効果の質を転移課題の結果から検討する。転移課題 1 の理由つき正答率は，IF‒説明条件で12.9%，FF‒説明条件で9.68%，IF‒評価条件で13.0%，FF‒評価条件で17.9%であった。χ^2検定の結果，正答者数の偏りは有意でなかった（$\chi^2(3) = 0.72, n.s.$）。均等分布を図示して，転移課題 1 の理由づけを行った例を Figure 3-15 に示した。

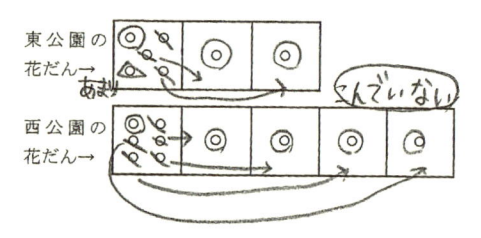

Figure 3-15　転移課題 1 の理由づけの例：均等分布の図示

転移課題 2

正答「ウ」の選択率は，IF‒説明条件で29.0%，FF‒説明条件で32.3%，IF‒評価条件で47.8%，FF‒評価条件で32.1%であった。4つの条件における正答率に有意な偏りは見られなかった（$\chi^2(3) = 2.36, n.s.$）。どの条件も50%以下と，課題の難しさがうかがえた。

3.4.4. 考　察

本研究は，規範的解法のみを提示する条件と，非規範的解法と規範的解法を提示する条件とを用意し，後者がより学習促進効果を持ちうるという複数解法提示効果が，解法発表後にどのような活動を児童に求めた場合に生じるかを検討した。特に，ひき算解法と単位あたり解法を提示し，それぞれの解法について「なぜ答えが出るのか」を説明する機会を与えることの効果を検討した。

事前に単位あたり解法の意味理解を示した児童のみを除く児童全体，すなわ

ち，事前の理解において多様な児童を対象とした分析の結果，事後－混み具合比較課題において，単位あたり解法の意味まで記述した正答率は，ひき算解法と単位あたり解法という複数の解法を説明する活動を行ったIF－説明条件で他の3条件より高かった（Figure 3-9）。一方，解法を単に評価するだけの評価条件では，複数解法の提示効果は見られなかった。また，説明活動という教授支援を加えた本研究において，複数解法提示条件の結果が単一解法提示条件の結果を下回るというような，複数解法提示による学習妨害効果への懸念（菊池，2006）は支持されなかった。その他の誤解法を事前に用いていた児童だけを対象とした分析からも，同様の結果が得られた。混み具合比較課題は，単位あたり解法の獲得を測定しており，意味説明を付加するか式のみかは，客観的には表現形式の違いであると言える。しかし，どの条件でも事後課題として同種の課題を実施し，かつ，最も直前に提示した解法説明は同一であり，また，どの条件でも理由を「できるだけ詳しく書くよう」求めていた。したがって，IF－説明条件でのみ意味を付与する表現が有意に多かった結果を，例えば表現の単純な模倣のみに帰属させる場合，なぜ他の条件では模倣が促進されなかったのかを説明しにくい。また先行研究（藤村・太田，2002）では，意味説明をした児童は後に単位あたり解法を継続して使用する傾向があり，単位あたり解法の学習に一定の意義をもつことが示唆されている。IF－説明条件が他の3条件より単位あたり解法の学習を相対的に促進したと解釈できるであろう。

　上記結果に至るプロセスを検討すべく，両説明条件における説明活動の詳細を分析した結果からは，ひき算解法を自分で説明するという分析的な活動が，本節の目的（3.4.1.）で想定したように「面積－花の数」という関係表象レベルでの2つの解法の対比を準備したと考えることができる。複数解法を説明したIF－説明条件では，1人目の解法の説明活動中に，FF－説明条件に比べ有意に高い割合で，花壇の一部分の「面積－花の数」という括り方を言語や描画で外化していた（Table 3-6）。なおかつ，2人目の解法の説明活動でも，意味説明の記述率が有意に高かった（Figure 3-10）。IF条件では，1人目のひき算解法の説明活動において異種量を結びつける気づきが，2人目の単位あたり解法を聴取あるいは説明する際に「今度の解法はどのように面積と花の数を

結びつけるか」という把握を可能にし，事後－混み具合比較課題で意味説明を表現することにつながった可能性が考えられる。以上より，複数解法の対比による単位あたり解法の意味抽出の促進が示唆された。

　しかし転移課題の成績に条件差は見られず，研究5の支援では複数解法の検討の効果が限定的であるという結果も得た。転移課題の低成績から推測すると，そのプロセスとして均等分布の気づきに至るような説明活動が展開されなかったことが考えられる。さらに，説明活動に条件差は見られたが，基準に該当する言語化・描画ができた児童の全体数は多くなかった。これらの原因として，研究5では説明活動が単独で行われたことが抑制的に働いた可能性を考え得る。説明活動が話者自身の理解を促す効果について検討した伊藤・垣花（2009）では，単に説明を生成することのみに効果は見られず，聴き手の頷きの有無や返事などの否定的フィードバックを契機に意味・解釈の付与やそれを繰り返す発話が増え，理解を促すと考えられた。本研究でも転移課題に正答するには，本節の目的で述べたように説明活動において，「スペースの有無」や「同一花壇の中で花が一定の割合で敷き詰められていること」への言及といった意味や解釈を付与する説明が必要となると想定しており，他者の存在はこれを促進する手段の1つであると考えられた。

　そこで研究6では，複数解法提示の学習促進効果がより機能する説明活動として解法の説明活動を2名で行うIF－ペア説明条件とFF－ペア説明条件の効果を検討した。2名での説明を求めることは，学級で一斉に実施する本研究の文脈でも自然に導入でき，より多くの児童が話し手として説明活動に従事できると共に，単独で説明する以上の効果が期待できると考えた。

第5節　本章のまとめ

　本章では，複数解法提示による学習促進効果を，広範囲の児童に及ぼすために有効な支援方法を明らかにすることを目的として3つの研究を行った。

　研究3では，疑問感の生成を強調する教示が複数解法提示からの学習を促進しうるかを検討した。その結果，わからないことはないかを考えるよう促した疑問教示は，他者の解法の再生を高めるが，結果として正解法の理解を高める効果は見られなかった。学習者自身が自発的に自分自身の解法や知識と関連づ

第5節 本章のまとめ

けながら他者の解法から学ぶことを支援する必要性が示唆された。

そこで研究4では，解法の提示後に，その解法でなぜ答えが出るか説明するよう求めることの学習促進効果を検討した。その結果，児童らは説明すべき対象の再構成を要請されることにより，従来の再生・評価活動以上の学習促進効果が示唆された。

研究5では，説明活動が単に再生・評価する活動に比べて複数解法提示の学習促進効果を高めることを実験的に検証した。その結果，なぜその解法で答えが出るか説明を生成する活動が複数解法からの学習を促し，正解法の意味理解を高めやすいことが示唆された。しかし，転移課題に効果は現れなかった。そこで次章では，複数解法提示の学習促進効果をさらに高める説明活動として解法の説明活動を2名で行うことの効果を検証する。

第 4 章
複数解法提示からの学びを促す協調の効果

第1節　本章の目的

　本章では，複数解法提示による学習促進効果を，広範囲の児童に及ぼすために有効な支援方法を明らかにすることを目的として，ペアによる協調的な説明活動の効果を検討した研究を報告する。

　前章より，複数解法提示による学習促進効果を，広範囲の児童に及ぼすためには，学習者自身が自発的に自分自身の解法や知識と関連づけながら他者の解法から学ぶことを支援する必要のあることが示唆された。その手段として，疑問生成を促すなどの直接的な教示は有効ではなく（研究3），解法提示後に，その解法でなぜ答えが出るか説明するよう求め，学習者自ら理解を再構成する機会を設けることが，再生・評価活動を求めるよりも有効であることが示された（研究4，5）。しかし，単位あたり解法の均等分布の理解を測定する転移課題には複数解法提示効果は現れなかった。

　説明活動の効果が限定的であったことの原因として，研究5では説明活動が単独で行われたことが抑制的に働いた可能性が考えられる。説明活動に関する先行研究では，個別指導場面を記録したビデオを一人で見る単独観察よりも，ペアで話し合いながら見る協同観察の方が，能動的な観察を引き起こし，学習成果も高かったとの報告や（Chi et al., 2008），情報提示直後にペアの協調活動を行うことの有効性を示唆する研究がある（Miyake et al., 2007）。さらに，説明活動が話者自身の理解を促す効果について検討した伊藤・垣花（2009）では，単に説明を生成することのみに効果は見られず，聴き手の頷きの有無や返事などの否定的フィードバックを契機に意味・解釈の付与やそれを繰り返す発話が増え，理解を促すと考察している。本研究でも転移課題に正答するには，研究5の目的（3.4.1.）で述べたように説明活動において，「スペースの有無」や「同一花壇の中で花が一定の割合で敷き詰められていること」への言及といった意味や解釈を付与する説明が必要となると想定され，他者の存在はこれを促進する手段の1つであると考えられる。しかし，本研究のように非規範的な内容を説明対象とした場合にも機能するかは定かではない。そこで本章では，複数解法提示の学習促進効果をさらに高める説明活動として解法の説明活動を2名で行うことの効果を検証することとした。

第 2 節　研究 6：ペアによる複数解法説明活動の効果

4.2.1.　目　　　的

　複数解法提示の学習促進効果がより機能する説明活動として解法の説明活動を 2 名で行うペア説明活動の効果を検討する。2 名での説明を求めることは，学級で一斉に実施する本研究の文脈でも自然に導入でき，より多くの児童が話し手として説明活動に従事できると共に，先行研究 (Chi et al., 2008；伊藤・垣花，2009；Miyake et al., 2007) より，単独で説明する以上の効果が期待できると考えられる。

　本研究では，前章研究 5 で検討した，IF-説明条件および FF-説明条件の手続きのうち，単独で行っていた説明活動をペアで行う方法へと変更した IF-ペア説明条件および FF-ペア説明条件を設けた。IF-ペア説明条件では，ひき算解法と単位あたり解法を提示し，それぞれの解法で「なぜ答えが出るのか」をペアで話し合ってもらう。FF-ペア説明条件では，単位あたり解法についてのみ「なぜ答えが出るのか」をペアで話し合ってもらう。IF-ペア説明条件と FF-ペア説明条件で学習成果に差が見られれば，複数解法提示による学習促進効果が認められたと言えるであろう。なお単独での説明条件との比較のために，研究 5 で実施した IF-説明条件，FF-説明条件を再度実施することはせずに，研究 5 のデータを使用した。その理由は，手続きの違いは説明活動を単独で行うか，ペアで行うかのみであり比較可能であるためである。また，単独での説明活動の効果は相対的に小さい可能性があり，これを敢えて再度実施することへの倫理的な配慮を行った。

4.2.2.　方　　　法

参 加 者

　京都市の公立小学校 5 年生 2 クラス 57 名（男子 25 名，女子 32 名）。内包量の算出や比較方法は未習。

課題・採点基準

　全て研究 5 と同じであった。

ビデオ

　研究5のIF-説明条件およびFF-説明条件と同じであった（Table 3-1（p.67），Table 3-2（p.68），Table 3-4（p.83）参照）。

ペアでの説明活動

　研究5の説明活動を隣の席の2名で行ってもらった。班や隣席で話し合うなど授業で日常的に用いられる手続きを模して非意図的なペアリングを行った。事前の混み具合比較課題に「単位あたり-意味」解法を用いた児童が含まれたペアは，IF-ペア説明条件で15組中5組，FF-ペア説明条件で13組中3組と，両条件で大きな偏りはなかった。分析では，後述のとおり，事前の「単位あたり-意味」解法使用者を除外したうえで，解法提示条件の影響を検討した。

手続き

　次の1点を除いて，研究5のIFおよびFF-説明条件と同じであった。説明活動のときのみ隣の児童と机を近づけてペアを作り（IF-ペア説明条件：計15組，うち1組のみ3名で構成，FF-ペア説明条件：計13組），説明活動の用紙をペアにつき1枚配布し，提示した解法で「あさひ公園の方が，混んでいる」という答えが出る理由を話し合い，考えたことを書くように求めた。各ペアの発話はすべて，ICレコーダで録音した。なお，各ペアの会話は互いに聴こえないよう机同士の距離を置いた。

4.2.3. 結　果

混み具合比較課題

　事前の混み具合比較課題に「単位あたり-意味」解法を用いなかったIF-ペア説明条件26名，FF-ペア説明条件23名の，事後-混み具合比較課題における解法をFigure 4-1に示した。

　χ^2検定の結果，人数の偏りは有意でなかった（$\chi^2(2) = 0.50$, $n.s.$）。なお，研究5のIF-説明条件，FF-説明条件を含めた4条件を比較すると人数の偏りは有意であり（$\chi^2(6) = 20.4$, $p<.01$），残差分析の結果，IF-ペア説明条件の意味説明正答者数とFF-説明条件の式正答者数が有意に多く，FF-説明条件の意味説明正答者数が有意に少なかった。

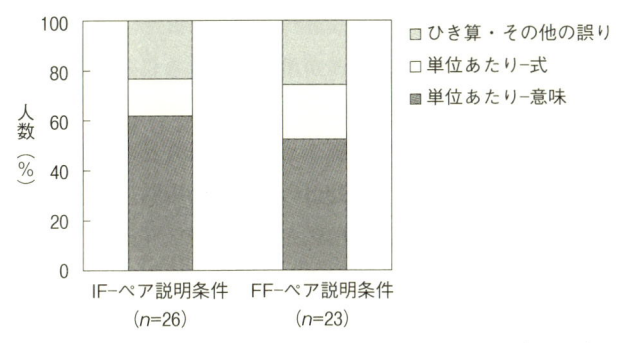

Figure 4-1　事後-混み具合比較課題における回答分布（研究6）

転移課題1

　理由つき正答率はIF-ペア説明条件30.8%（$N=26$）で，FF-ペア説明条件4.4%（$N=23$）と比べて有意に高かった（直接確率計算，$p<.05$）。なお，実験1のIF-説明条件，FF-説明条件を含めた4条件を比較すると，χ^2検定の結果，人数の偏りは有意であり（$\chi^2(3)=8.15$, $p<.05$），IF-ペア説明条件で理由つき正答率が有意に高く，誤答率が有意に低かった。

転移課題2

　正答「ウ」の選択率は，IF-ペア説明条件で38.5%，FF-ペア説明条件で30.4%であった。両条件における正答率に有意な差は見られなかった（直接確率計算，$n.s.$）。この課題は他の課題と異なり，具体的な数値なしに内包量をイメージし操作しなければならない点で，高度に抽象的な思考を要するためと考えられる。

説明活動

　転移課題1の結果から均等分布の理解に対するペアによる複数解法説明活動の効果が示唆された。いかなる要因が均等分布の理解につながったのかを検討するために，全ペアの説明活動を分析した。実験1と同様の基準で，1人目の解法ビデオ提示後の説明活動での用紙への記述・描画を集計した結果，IF-ペア説明条件では15組中12組が，FF-ペア説明条件では13組中7組が，少なくとも基準に該当する言語化か描画（Figure 3-6 b，Figure 3-7 b 参照）を行っていた（例：Figure 4-2，Figure 4-3）。また，2人目の解法提示後の説明活動では，IF-ペア説明条件では15組中13組が，FF-ペア説明条件では

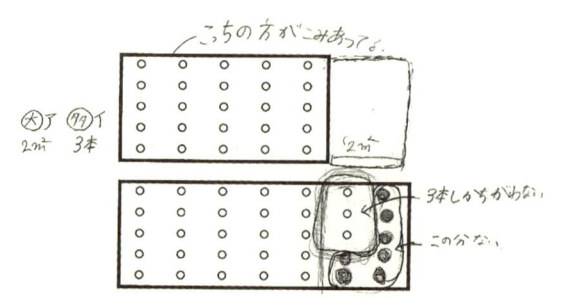

Figure 4-2　ひき算解法の描画・記述例

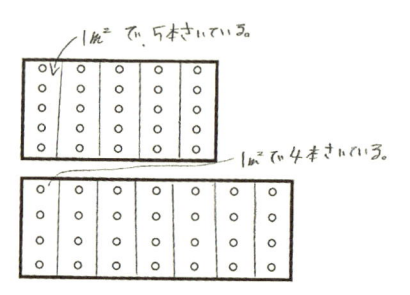

Figure 4-3　単位あたり解法の描画・記述例

13組中8組が，単位あたり解法の意味説明を記述していた（例：「1㎡あたりに5本と4本で，5本の方がギュウギュウ」）。

　さらに発話データを分析した。特に，用紙への記述・描画には表れていない意味・解釈を付与する発話に注目した。具体的には研究5の目的（3.4.1.）で述べたように，転移課題1の正答に到達するためのプロセスとして想定された「スペースの有無」への言及（以下［スペース］）や「同一花壇の中で花が一定の割合で敷き詰められていること」への言及（以下［均等分布］）を確認した。

　まず，IF-ペア説明条件における，ひき算解法の説明活動中の［スペース］出現数を確認した結果（例：「残りの面積が少ないということは，こっちの方が混んでるっていうことやろ」），15組中14組に見られた。

　次に単位あたり解法の説明活動中の［スペース］出現数を確認した（例：「ここはすいている感じで，ここは5つあるから，こっちの方が埋まっている感じ

がして」)。IF－ペア説明条件で15組中6組に見られた。FF－ペア説明条件では1人目でも2人目でも該当する言及は見られなかった。

最後に，単位あたり解法説明中の［均等分布］出現数を確認した（例：「1 m^2 4本入っているから，少しその分スペースがあるけど，こっちは5本だから，1 m^2 にあまりスペースがなくなるから，それ掛ける7と5だから，こっちの方が混んでいるように見える」)。IF－ペア説明条件で15組中5組に見られた。FF－ペア説明条件では1人目の説明時には見られず，2人目の説明時に13組中1組に見られた。

以上のように，［スペース］および［均等分布］の出現は，FF－ペア説明条件ではほとんど見られなかった。繰り返し単位あたり解法を説明する機会を与えても，手続きやその意味説明を超える単位あたり解法の妥当性の説明へと発展しにくかったことが示唆される。転移課題1の正答率の低さとも一致する結果と言える。

さらに，［スペース］および［均等分布］の出現が想定されたとおり転移課題1の解決に寄与したかを検討するために，IF－ペア説明条件で転移課題1に正答したペアがそれ以外のペアに比べ，［スペース］および［均等分布］により多く言及したかを検討した[12]。

Table 4-1に示したとおり，転移課題1に正答したペアでは2人目の単位あたり解法説明時に，［スペース］出現数が多い傾向にあり（$t(8) = 1.52$, $p < .10$)，また［均等分布］の出現数が有意に多かった（$t(8) = 1.94$, $p < .05$)。1人目のひき算解法説明活動における［スペース］出現数は同程度であった（$t(11) = -0.66$, $n.s.$)。想定した理解プロセスを一定程度支持する結果を得たと言える。

以上をまとめると，記述・描画の結果からうかがえることとして，ペアで説明活動を行うことで解法発表の内容やそれが図とどう対応するかの確認をより多くの児童が経験し，事後－混み具合比較課題に意味説明して正答する児童が

---

12) ペアの発話データから発話者個人を特定することが困難であるため，ペア単位で分析を行った。ここで転移課題1に正答したペアとはペアの内1名以上が正答した場合を指す（2名とも正答は7組中1組）。なお，事前－混み具合比較課題の意味説明正答者が転移課題1に正答したペア1組は分析から除いている。

Table 4-1　説明活動における各言及数の平均

転移課題1の結果	[スペース] 1人目	2人目	[均等分布] 2人目
理由つき正答 ($n=7$)	3.1 (2.2)	3.6 (3.8)	0.9 (0.8)
その他 ($n=7$)	4.1 (3.0)	1.0 (1.6)	0.1 (0.3)

注．括弧内は SD。

説明解法の複数・単一によらず見られたと考えられる。しかし，単位あたり解法を繰り返し説明するだけでは均等分布への気づきがほとんどのペアで生じなかったことから，これにはひき算解法という非規範的な解法に内蔵された「空きスペースの有無」という混み具合比較の視点への着目が前提となりやすいことが推察される。この着目自体は均等分布の理解に至る原初的な理解に過ぎないが，引き続き，単位あたり解法の説明活動において単位あたり解法の発表が直接言及しなかった側面から意味・解釈を付与しようと試みる中で，上記の原初的理解の再構成を行いえたペアにおいて，転移課題1にも利用可能な均等分布の理解への到達がなされやすかったと解釈できる。

　以上より，単位あたり解法による混み具合比較手続きを均等分布と結びつけて説明することがIF－ペア説明条件で比較的起こりやすいという条件間の違いが見られた。こうした各条件の特徴を例示する目的で，それぞれの条件において，事前にその他の誤解法を使用していたペア1組ずつの発話データを事例として以下に提示する。

事例の検討

　IF－ペア説明条件の1組による発話データをTable 4-2，Table 4-3に示した。

　このペアは，事前の混み具合比較課題でその他の誤解法を使用しており，理解度は高くない。Table 4-2に見るとおり，まずC2がひき算解法の解説を模倣する形で説明した後（1～15），C1が自分の言葉で説明し直す（21～27）。C1は状況を簡単にして理解しやすくするために「1㎡イコール1本」(31)の場合を仮定するが，これでは「2㎡3本」の区画と混み具合が逆転するため，かえって混乱し (36)，それがC2の「2㎡増えているのに，何で3本しかな

Table 4-2 IF-ペア説明条件における1人目の解法説明活動時の発話例（C1，C2ペア）

発話番号	発話者	1人目の解法について（ひき算解法）
1	C1：	書きながら説明してええよ
9	C2：	25本なんやろ
10	C2：	こっちは7㎡で28本なんやんか
11	C2：	ええっと，こっちは5㎡で25本やのに，こっちは2㎡増えているわけやん
12	C2：	なのに花は3本しか増えなかったやん
13	C1：	うん
15	C2：	だからこれな，だから，こっちの方が多い
21	C1：	こっちはね，ええっと
22	C1：	ええっと，図を見てわかるけど，5㎡ある分，ここはぎっしり詰まってる
23	C1：	7㎡あるけど，ここにスペースができる
24	C1：	だから，どっちかを普通に見たら，こっちの方が花がいっぱい咲いているように見える
25	C2：	うんうん
26	C1：	だからこっちの方が混んでるんちゃう？
27	C2：	ふーん
31	C1：	1㎡に，1㎡イコール1本，花1本やとしたら
32	C2：	5本や
33	C1：	これとこれ，7㎡足す
34	C2：	何やってんの？
35	C1：	何でやろ
36	C1：	解き方としては，わからん
37	C2：	全部入ってんねんで
38	C1：	5㎡やろ
39	C1：	7㎡やろ
40	C2：	そうや
41	C1：	2㎡増えてんのやろ
42	C2：	そうやな，うんうん
43	C2：	2㎡増えているのに，何で3本しかないということや
44	C1：	2㎡増えているんやったら，3本増えても十分ちゃう？
45	C2：	でも，A君は□□かったの
46	C1：	こっちやな，確かに混んでるのは
47	C2：	確かにな，図で見たらこっちやけどさ
48	C1：	などうや，わからねえぞ
50	C1：	待てよ，もう
52	C2：	2, 3, 4, 5, 6, 7, 8, 9, 10, 11, 12, 13, 14, 15, 16, 17, 18, 19, 20, 21, 22, 23, 24, 25で
53	C1：	わかったぞ
55	C1：	あんな，ええっと，まあ図としてはここまでが5㎡なんやろ
58	C1：	で，これからこれ引いてん

（続く）

65	Ｃ２：	うん
66	Ｃ１：	引いて2㎡ここにあるということがわかりました
67	Ｃ２：	うん
69	Ｃ１：	で，2㎡増えている分，だけ，3本花も植えているけど，見るからに少ない
71	Ｃ２：	あ，確かにわかる
74	Ｃ１：	と，2㎡増えている分だけ3本増えているが
75	Ｃ２：	うん
76	Ｃ１：	満開
77	Ｃ１：	その花壇満開に咲かずに，少しスペースがあるから，あさひの方が多い
78	Ｃ２：	うん，確かに

注．□□は聞き取れない発話

いということや」という解法理解上の核となる問題点の言語化を促す（43）。その結果，二人は花の本数を数え直し（52），「2㎡」が2つの公園の面積の差であることを理解したうえで（55〜67），5㎡のあさひ公園の花壇と同じ密度で残り2㎡の区画に花が咲く場合（76〜77のＣ１の「満開」という表現）と比べて，実際のみどり公園の花壇は「少しスペースがあるから」あさひ公園の方が混んでいると了解する（77）。ひき算解法を二人で交代しながら説明することで，混み具合比較のためには分布の割合が一定に保たれるように操作する必要性があることに気づいたと解釈できる。

　このペアは2人目の解法説明時，Table 4-3 に示したとおり，まずＣ１が解法の模倣的説明から始めるが（5〜9），Ｃ２の図の違いの指摘で（12）若干混乱した後（15），混乱を解消するかのように，7㎡全体に花が咲いているとすると「その分スペースがある」（19）と自分なりの混み具合の説明を行う。さらに，Ｃ２が「式の説明」を自分の言葉でやり直そうと試みて花の数と面積の関係について話し合った後（23〜37），Ｃ１が1㎡の花の数と全部の花に要するスペースのダイナミックな関係をまとめ直した（46）。単位あたり解法の式操作について，ひき算解法の説明で引き起こされた均等操作への気づきに結びつける形で原理的に理解した表れと言えるであろう。その結果，二人は2つの解法を合わせることによる理解のしやすさに言及する（58〜59）。

　比較のために，FF−ペア説明条件の1組による発話データを Table 4-4，Table 4-5 に示した。

　このペアも先のペア同様，事前の混み具合比較課題でその他の誤解法を使用

Table 4-3 IF-ペア説明条件における2人目の解法説明活動時の発話例（C1，C2ペア）

発話番号	発話者	2人目の解法について（単位あたり解法）
5	C1：	25割る5で，面積が5㎡の中に25本咲いているから，これで割ると1㎡に何本咲いているかが大体わかる
9	C1：	1㎡の中に5本咲いていることがわかって
11	C1：	こっちには
12	C2：	これさっきの図と違うやん
13	C1：	これで1，2，3，4，5，6，7
14	C1：	これで1㎡ごとがわかり
15	C1：	増えてない？
16	C2：	嘘
18	C1：	とにかくこれで割ると，
19	C1：	1㎡4本，4本，4本，4本に入っているから，少しその分スペースがあるけど，こっちは5本だから，1㎡にあまりスペースがなくなるから，それ掛ける7と5だから，こっちの方が混んでいるように見える
20	C2：	一緒なご意見で
23	C2：	さっきの式の説明はね
24	C2：	これはですね，花の数なんですね
27	C2：	それでね，花壇が広くなってね
29	C2：	これが花の数ですね
31	C1：	違いますよ，違いますよ
32	C1：	1㎡あたりの花の数
33	C1：	花の数やから25本や
36	C2：	でも，そこも隙間ないやん
37	C2：	これが全部集まってここになるんやな
38	C1：	うん
42	C1：	おかしいことは何もないと思うで
46	C1：	5本咲いている分だけスペースは埋まるけど，こっちは4本やから，1個分のスペースだけ増えるっていうことやから，それがどんどんスペースがあるから，どんどんスペースが大きくなるけど，こっちはスペースが小さい分足していっても少なくなると，スペースが
53	C2：	ないやんな，もう意見
54	C1：	だって，これ簡単に説明しやすいねんもん，むっちゃ
58	C1：	これとAさんのが合わさったら倍わかる
59	C2：	わかるわかるわかる

しており，理解度は高くない。Table 4-4に見るとおり，C4のみどり公園が混んでいるという考えに対し，C3は単位あたり解法を模倣的に説明する（6〜15）。その後，図を用いて何らかの了解を得るが（27），C4に明示的に説明はしない。最後にC4が再度不理解を表明するが（46），C3は花の数が多く

Table 4-4　FF-ペア説明条件における1人目の解法説明活動時の発話例（C3，C4ペア）

発話番号	発話者	1人目の解法について（単位あたり解法）
6	C4：	おれ，みどり公園やと思ったんです
9	C3：	何でこうやって思ったんですか
10	C4：	ええっと，そっちの方が，面積が多いと思うんです
11	C3：	私はあさひ公園の方が多いと思いました
12	C3：	ええっと，A君と一緒で，25割る5をしたら，
15	C3：	1㎡になるので，その25割る5をしたあさひ公園の方が1㎡で5個咲いているということなので，だからです
16	C3：	囲んでみましょうね
17	C4：	何でなん？
21	C3：	あれ，1，2，3，4，5，5個
22	C3：	これは4個，これ4個ずつやった，4個ずつ
23	C3：	できました
26	C4：	1，2，3，4，5，6，7
27	C3：	あれ，4個はそういう意味か
28	C3：	はいはい，わかりました
32	C4：	A君の解き方についてよくわからない，おかしいと思うことがあれば，どんどん書いてみよう
33	C3：	25割る5は5で
35	C4：	あさひ公園の方が正解なん？
36	C4：	25割る5は5で
37	C4：	28割る7は4で，1平方メートルになるから
39	C3：	それで5個ずつ咲いているっていうことやろ
40	C3：	それでここ4個ずつやろ
41	C3：	混んでないっていうことやから
42	C3：	多分，ええっと，あさひ公園の方が混んでいる
46	C4：	何で，え，25本の花が咲いていて，面積もこっちの方がでかいっていうことは，みどり公園ちゃうん？
47	C4：	28本で
48	C3：	は？
49	C3：	28本の方が多いっていうことやろ
50	C4：	そうよ
51	C3：	でも，こっちは面積が多いから
52	C4：	どっちでもいいやん

ても（49）面積が多いため（51）「後者で前者を割れば，1㎡あたりの本数が多くなる」という決定的な言語化をせずに終わる。2人目の解法に対しても（Table 4-5），式や答えが1人目の解法と一緒であることに注意が引かれ，C3が「説明の仕方」や「式の考え方」の違いに言及しても，その中身である均等分

第2節　研究6：ペアによる複数解法説明活動の効果　**109**

Table 4-5　FF-ペア説明条件における2人目の解法説明活動時の発話例（C3, C4ペア）

発話番号	発話者	2人目の解法について（単位あたり解法）
2	C4：	あさひ公園，さっきと変わらへん
3	C3：	さっきと同じ答えじゃないの，これ
6	C4：	BさんとA君ってさ，あれさ，式も一緒やしさ
7	C3：	イエス，イエス，説明の仕方が違うらしいけど
8	C4：	説明とただ女と男が違うだけやん
9	C3：	式の考え方の違いやろ
10	C4：	式が違っても
11	C3：	またこれも同じやねんから，これとこれとこれとこれで
12	C3：	1 m^2 やろ
14	C3：	ここも1 m^2 で
15	C3：	で，これはええっと，5 m^2
16	C3：	1，2，3，4，5，1，2，3，4，5やから
17	C3：	ええっと，BさんとA君は同じ
18	C4：	25割る5
19	C4：	28割る7は，式一緒なんじゃないですか
26	C3：	1 m^2 で，ここも全部1 m^2 ，同じやん，どっちも
27	C3：	ええ？
28	C4：	何が「ええ？」やん
29	C3：	これやで，これ，ほら，ほとんど同じでしょ

布は議論せずに終わっている。

　この両ペアを比較すると，IF-ペア説明条件でもFF-ペア説明条件でも「2 m^2 3本」や「1 m^2 あたりの本数」といった解法の重要箇所の言及自体はなされるが，その意味，すなわち「均等分布」に関わる言語化に違いが見られ，前者でのみ確認された。これは，説明活動の分析で見られた条件間の違いの例証と言える。

4.2.4. 考　察

　研究5では，IF-説明条件が他の3条件に比べ，単位あたり解法の学習をより促進する結果が得られ，研究6では，限定的ではあるが，ペアでの説明活動がそれを一層促進する可能性が示唆された。具体的には，複数解法の説明活動を個人で行った場合（研究5），その学習促進効果は，事後の混み具合比較課題の意味説明率において現れた（Figure 3-9（p.86））。説明活動をペアで

行った場合には（研究6），均等分布の理解を測定する転移課題1の理由つき正答率に差が現れた。単独での説明活動では解法の学習が進み，ペアでの説明活動では一部の児童でそれ以上の学習が可能になったと言える。

以上の結果より，複数解法というバリエーションの存在は，その解法でなぜ答えが求まるのかについて図を用いて各自が内的に説明を考える活動と，考えた結果を外化してペアで話し合う活動という内外相互作用の2つの要素を兼ね備えるときに，最も学習促進効果をもつことが示唆された。

またそのプロセスとしては，非規範的解法に根拠を付加しようとして，「よりスペースがあるほど，混んでいない」という原則に基づき解釈し，これに照らして単位あたり解法では1㎡あたりの空きスペースが同一花壇内では一定である（均等分布）という差異に気づくパターンがあることが示唆された。

第3節　本章のまとめ

本章では，複数解法提示による学習促進効果を，広範囲の児童に及ぼすために有効な支援方法を明らかにすることを目的とした研究6を行った。複数解法提示の学習促進効果がより機能する説明活動として，解法の説明活動を2名で行うIF-ペア説明条件を設定し，FF-ペア説明条件の効果と比較した。その結果，説明活動をペアで協調的に行うことは，複数の解法を提示した場合に，単独で説明する以上の効果がもたらされることが示唆された。単一の解法を提示した場合には協調的説明活動が転移をもたらす効果は認められなかった。先行研究（Chi et al., 2008；伊藤・垣花，2009；Miyake et al., 2007）から示唆されたペアでの説明活動の有効性は，説明対象に非規範的内容を含む場合であっても期待できることが示された。

第5章

総合考察

第1節　研究結果の総括

5.1.1.　はじめに

　本書で報告した6つの研究は，混み具合比較を題材に，ひき算解法と単位あたり解法という複数の解法を提示することの効果を検討した。従来，誤解法を巧みに活用した授業実践の報告（e.g. 糸井・西尾，1977）が存在する一方，算数授業における解法の検討が一部の児童と教師に偏りがちで，学習成果も全員には共有され難いという観察や（佐藤，2006；白水，2008），まとめの段階で規範的解法を確認して終わるケースがあるという報告（古藤・新潟算数教育研究会，1992，1998）があった。算数授業時の多様な解法の発表は，国際的にも注目された特徴であるにもかかわらず，従来，各児童にどういう学びが起きうるのかを仔細に検討する研究がなく，非規範的解法を含む複数解法の発表と学習成果との因果関係や意義を議論するためのデータが不足していると考えられた。そこで本書では，「誤解法聴取」という算数授業の構成要素がもちうる学習促進効果およびそのメカニズムを同定すべく，現実的な教室場面に精緻な実験操作を持ち込んで検討を行った。

　本書の第1の目的は，非規範的解法を含む複数解法提示の効果の範囲を，提示される解法と聴き手の初期の解法との一致・不一致の関係から明らかにすることであり，研究1，2において検討した（第2章）。本書の第2の目的は，非規範的解法を含む複数の解法の提示に対してどのような教授支援を組み合わせることが効果的であるかを明らかにすることであり，研究3〜6において検討した（第3，4章）。

　以下では各研究の成果をまとめるとともに，複数解法提示による学習促進効果研究における本書の意義を述べる。

5.1.2.　まとめと意義

　第2章では，複数解法提示による学習促進効果が及びやすい範囲を学習者自身の解法との関わりから明らかにするという本書の第1の目的のもと，2つの研究を行った（研究1，2）。

　研究1では，複数解法提示からの学習が，聴き手の解法によっていかに異な

るかを実験的に検討した。その結果，もともと誤解法を使っている児童であっても，それと同じ誤解法と正解法の発表を聴いたときには，誤解法聴取による理解促進効果が得られやすいことが示された。これは逆に，異なる誤解法を使っている児童にとっては，他児童の誤解法と正解法を聴いても正解法のみを聴く以上の効果は見込みにくいという結果でもあった。よって，子どもが他者の誤りを自分に関わるものとして見る準備状態を有することが，他者の誤りからの学びにおいて重要であることが示唆された。

　研究1が明らかにした非規範的内容を含む複数の解法を学習者に提示することが学習促進効果を及ぼす範囲について，従来の研究(Große & Renkl, 2007；Siegler, 2002)では統一的な見解が示されていなかった。Siegler (2002)では，誤解法を使用する児童に正誤両方の解答を提示することで学習が促進される効果を示したが，学習者の事前の解法と提示する解法との一致・不一致の関係から見ると，両者が一致する場合しか検討していなかったため，不一致の場合にもその効果の範囲を拡張できるかは明らかでなかった。またGroße & Renkl (2007)では，学習課題に関する基礎事項の知識を有する学習者には効果的であることを示していたが，解法提示の前に学習課題を実際に解いてみる機会がなく，学習者の事前の解法に応じた効果の程度は未検討であった。さらに，両研究には研究対象や題材，実験手続きの多くの点で違いが存在した。本書の研究1は，これらを統制し，Crowley et al. (1997)のモデルに依拠して先行研究の結果を再解釈したうえで仮説を導き，学習者の事前の解法と提示する解法との一致・不一致という要因に着目した実験を行うことで，誤解法提示の学習促進効果の範囲を明らかにした。誤解法の一致・不一致の要因の影響を明確に示すと同時に，効果的でない層を明らかにした。こうした実証的な整理が複数解法提示による学習促進効果の研究における本書の第1の貢献である。

　研究2では，こうした効果の範囲の限定性を再生・評価の面から検討した。すなわち，聴き手の初期の解法によって他者の提示した解法に関する再生や評価がいかに異なるかを検討した。その結果，事前の理解度が高いほど，より詳細に他者の解法発表(非規範的解法)を再生でき，否定的コメントをすること，また，事前の理解度が低い場合であっても，より詳しい再生や内容へのコメントをした児童ほど，正しい解法に関する深い理解に至ることが示された。

規範的解法の聴き方だけでなく，非規範的解法をどう聴くかも事後の学習成果と関わりがあり，非規範的解法の正確な理解と内容に対する評価が学習成果に関わって特に重要となることがわかった。そして，非規範的解法を理解し適切に吟味して正しい解法の深い理解に至る児童もいればそうでない児童も少なからずいた。また正しい解法を自力解決している児童の内でも，その意味を説明できるレベルでなければ，他者の考えを聴いて理解し，吟味することは容易ではなかった。話を正確に理解すると共に，批判的に吟味して聴くこと(村松，2001)は，高学年で望ましいとされる聴き方であるにもかかわらず，多くの児童にとって困難な作業であると予想される。本書は，菊池 (2006) が教科教育学の立場から，他者の意見を聴くときに，そもそも自分で解決できなかった児童が話し合いについていくことは可能かと危惧しているが，これを各児童から収集した聴き取りのデータによって直接的に裏づけたと言える。これが複数解法提示による学習促進効果の研究における本書の第2の貢献である。本書の研究2では事前の解法に応じた学習者の聴き方の違いを，解法発表ビデオの提示とその直後再生および評価から実証的に検討したと言える。

　以上，第2章の2つの研究の結果から，複数解法提示からの学習は常に起こりやすいものではなく，事前の理解や一定の聴き方を要するものであることが示された。それらを適切な支援によって促進することは可能であろうか。そこで以降の章において，解法提示からの学習を広範囲の学習者に起こすための支援方法を検討した。

　第3章および第4章では，複数解法提示による学習促進効果を，広範囲の児童に及ぼすために有効な支援方法を明らかにするという本書の第2の目的のもと，4つの研究を行った（研究3〜6）。

　研究3では，疑問感の生成を強調する教示が非規範的解法を含む複数解法提示からの学習を促進しうるかを検討した。その結果，疑問点を考えるよう促した疑問教示は，他者の解法の再生を高めるが，結果として規範的解法の理解を高める効果は見られなかった。よって，複数解法からの学習プロセスは，必ずしも疑問感の生成や評価を目標として志向させることで促進されるものではないと考えられた。学習者自身が自発的に自分自身の解法や知識と関連づけながら他者の解法から学ぶことを支援する必要性が示唆された。

先行研究より，自分の理解への自問（Chi et al., 2008）や質問生成（King, 1992）が，提示された内容への理解を深めることが示唆されているが，児童らが非規範的解法を含む複数解法提示から学習する際に，解法提示に先立って明示的に疑問・質問生成を求める教示を与えることが効果的に機能するとは限らないことが研究3により示された。これが複数解法提示による学習促進効果の研究における本書の第3の貢献である。そのような教示は児童らに説明対象の再構成を促すことがなく，複数解法からの学びに必要なプロセスを適切に支援しないと考えられた。

　そこで研究4では，解法提示後に，その解法でなぜ答えが出るかを説明するよう求めることの学習促進効果を検討した。その結果，従来の再生・評価活動以上の学習促進効果が示唆された。この有効性の強さを明確に示すために，研究5では，説明活動が単に再生・評価する活動に比べて複数解法提示の学習促進効果を高めることを実験的に検証した。その結果，なぜその解法で答えが出るか説明を生成する活動が提示された解法からの学習を促し，正解法の意味理解を高めやすいことが示唆された。

　従来，対象の理解を促進する方法として「自己説明」（self-explanation）がよく知られているが（Chi et al., 1989），算数の授業においていったん全体の場で発表された解法について，このような活動が効果的であるかは検討されていなかった。解法発表を部分的に実施し，説明されていない部分を推測するなどの活動が少数の実践例に見られるものの（文部科学省，2002；山口，2008），効果は実証的に検討されていなかった。研究4，5では，提示された解法についての説明活動を一人ひとりに求めることが単に評価を求めるよりも，複数解法提示による学習促進効果を高めることを示した。この結果はCrowley et al. (1997) に依拠して，検討対象の解法を熟知する学習者でなくとも，解法手続きを比較して，構成要素を吟味できる機会を設けることが解法の学習に有効であると解釈することが可能である。逆に，評価活動はこれを可能にしないと考えることができよう。以上より，説明活動の有効性が算数授業場面の非規範的解法を含む複数解法提示に対しても適合することを実証したこと，および，そのメカニズムとして複数解法使用時の解法発見メカニズムを説明したCrowley et al. (1997) のモデルの拡張可能性を示したことが，本書の第4の

貢献である。

　第4章では，複数解法提示の学習促進効果がより機能する説明活動として解法の説明活動を2名で行うことの効果を検証する研究6を行った。その結果，限定的ではあるが，ペアでの説明活動が複数解法からの学習を一層促進する可能性が示唆された。したがって，複数解法というバリエーションの存在は，その解法でなぜ答えが求まるのかについて各自が内的に説明を考える活動と考えた結果を外化してペアで話し合う活動という内外相互作用の2つの要素を兼ね備えるときに，最も学習促進効果をもつことが示唆された。

　ペアでの説明活動（Chi et al., 2008；Miyake et al., 2007）の効果を検討した先行研究は，通常，誤りなどの非規範的な内容を含まない，規範的な解答例やテキスト，講義を対象としている。この方法が，本書が対象とした算数授業における非規範的な解法を含む複数解法の発表を聴く児童においても有効に機能しうる可能性と，非規範的解法と規範的解法の説明活動からより深い理解に至るというプロセスの一端を示した点が本書の第5の貢献である。

　以降では，複数解法の説明活動による学習促進メカニズムについて考察し，今後の課題を検討する。

第2節　複数解法の説明活動による学習促進メカニズム

5.2.1.　自分と同じ解法を含む複数解法提示による学習促進メカニズム

　誤解法聴取が促した能動的学習として考えられるのが，解決手続きのメタ認知的理解である。研究1のIC条件のひき算（同一誤解法）群が「その解法でなぜ混み具合を比較できるのか」を高い割合で記述できた結果は，正誤2つの解法を比較する際，同一誤解法群の方がその他の誤解法を使用していた群の児童より一方の解法（ひき算解法）を理解しやすく，それゆえ両者を対比して，重要な手続き要素をメタ認知的に理解できたからと解釈できる。つまり，正誤解法の対比から，「自分たちの解法とは違って，正解法は異種量の商を出し，比較のための共通単位を求めることで，混み具合を比較している」という解法のメタ認知的理解を複数解法聴取により行えたと考えられる。

5.2.2. 単独での複数解法説明活動による学習促進メカニズム

　本書で用意したひき算解法と単位あたり解法というバリエーションは，花の数と面積という要素間の関係に立ち戻って対比的に吟味できれば，単位あたり解法の原理である「同じ面積での花の数で比べれば混み具合を比較できる」という点を理解するのに役立つものであった。研究5における図への区画の描画やその言語的記述データから，本実験参加者においても，面積と花の数を結びつける活動が自然に促され，単位あたり解法の操作の意味理解に役立ったことが示唆された。説明活動によって，説明すべき対象の再構成が要請された結果であると考えられる。これが，本書で示唆された複数解法の説明活動による学習促進のメカニズムの1つである。

　一方で，FF条件に用意した2つの単位あたり解法も計算目的や商の意味がそのまま抽出できるはずのものであった。しかし，FF-説明条件で意味説明正答者が少なく，式正答者が多かった結果は，単に解説を2度繰り返して図を提供しただけでは，むしろ説明が簡潔化する方向で抽象化が起きてしまう可能性が示唆されたと言えよう。

　以上より，適切な対比を促すバリエーションは学習に有効であると考えられる。しかし，研究5の評価条件ではこのバリエーションの効果が得られないことも示されており，解法を説明するなど学習者本人の能動的な学習活動とバリエーションとが組み合わされるべきことも明らかになった。

5.2.3. ペアでの複数解法説明活動による学習促進メカニズム

　本書の研究6の結果，ペアによる複数解法説明活動が単に解法の意味記述を促進するだけでなく，1人での複数解法説明やペアでの単一解法説明に比べれば，転移課題1に理由つきで正答すること，すなわち，均等分布の理解を促しやすい可能性が示された。

　これは1つには，自分の説明に反応する他者がいるというペアの状況が，単独での説明に比べて，意味・解釈の付与を促進する（伊藤・垣花，2009）という利点が作用した結果と考えうる。単一解法条件でも研究6では単位あたり解法の意味説明記述が多く見られた結果はペア説明による全般的な説明促進効果に帰せられよう。

しかしこうした効果をもってしても，単一解法条件では複数解法条件ほどには，単位あたり解法の意味づけ・解釈の厚みを増すには不十分であった。バリエーションのない FF 条件では協調的説明活動の効果は限定されることが明らかになった。これは，均等分布へと単位あたり解法の理解が到達するには，ひき算解法から引き出しうる視点が重要な起点となる，という研究 6 の想定に合致する結果である。複数解法条件では，ペアによる説明活動の促進により，一人での説明では至りにくいレベルにまでひき算解法の解釈が進み，単位あたり解法の均等分布を理解するうえでの足がかりとなる原初的な理解を引き出すことが促され，それを単位あたり解法の説明活動に利用することで転移課題 1 に適用可能な均等分布の概念理解に到達する児童が見られたと考えられる。

　以上が想定されるペアの複数解法説明活動による学習促進メカニズムの 1 つである。しかし，ペアの複数解法説明活動によって転移課題の正答を促進された児童の割合は決して高いものではなかった。この点についてはさらなる検討を要する。複数解法提示による学習促進効果を高め，転移課題に正答する児童のデータをより多く収集することにより，本書が想定するメカニズムの明確な検証が可能になると考えられる。さらに，視点の実験的な操作や個別面接なども併用することで，一人での説明活動では解法間の差異の検出や視点の抽出・適用がどの程度可能かを検討することもペアの効果を精緻に同定するうえで重要であろう。

　IF 条件におけるペアの発話を追うと，ひき算解法という非規範的な解法について，まず解法のビデオ解説を逐語的に模倣した説明から始めるが，説明してみて自ら混乱を感じたり，相手の同意を得られなかったりすることで，図と結びつけた再説明を試み，解法の理由づけを含むより詳細な説明へと，様々な説明レベルを螺旋的に進むことが多かった。ひき算解法の説明が完全にはできずとも，その理解のための活動を単位あたり解法時も引き続き行い，逆に単位あたり解法の理解にひき算解法時の原初的な理解を結びつけることが転移可能な理解を可能にするとも考えうる。つまり，非規範解法の説明活動では，規範解法を聴いた時にそのエッセンスを理解することができる知識や意味のネットワークを準備するとも言える。実際，最近の学習研究は，学習者が規範的な説明を自力で完遂できずとも，自分たちで説明を試みた後に規範的な説明や学習

資料が提供されることで，初めからそれらに触れるより学習が深まる可能性が高いことを示唆するものが出ており（Martin & Schwartz, 2005；Schwartz & Bransford, 1998；Schwartz et al., 2009；Schwartz & Martin, 2004），本書の知見とも合致する。今後，複数解法からの学びをより多くの児童に引き起こし，説明活動のプロセスデータを収集・分析することで，なぜ初めから規範的な説明のみを受けることが深い学習を妨げるのかという知識構成メカニズムの説明に貢献できる可能性がある。

第3節 教育実践への示唆と今後の課題

5.3.1. 教室におけるペアでの説明活動の意義

本書の問題意識は，解法バリエーション提供というクラスサイズの協調の利点は実際にどの範囲の学習者に有効に機能しうるのか，またそれを促進するには，解法発表後にどのような支援が可能かという点にあった。その手段として，研究5以降は，図付きのワークシートという外化物および説明活動という機会の有効性を検討し，特に研究6では，直接相互作用というペアレベルの協調活動を組み合わせた。いずれも，学習者が自らの知識を使うことを促す支援方法を試みたため，その効果は児童の説明活動に依存したが，学習が促進されるプロセスの一端を観察しえた。そこには，図やそれに対する外化結果，あるいは他者という外的リソースとの相互作用を介して推論の妥当性を繰り返し吟味しながら自ら知識を構成するメカニズムが発揮されたと考えられる。以上は，教室において，一人ひとりの思考を私的に記述すること（自力解決）やクラス全体に向けて公的に発話して共有する（全体交流）だけでなく，途中の思考も表現しやすいペアレベルの「半」私的・公的な発話使用の機会を充実させる有効性を示唆する。通常の授業展開では，時間経過と共に個人から全体へと活動単位が拡大することが多い。しかし，全体で解法を発表し合った後に，再度，個人あるいはペア・グループなど活動単位を下げるという選択肢が必要に応じてより柔軟に採られてもよいであろう。他方，研究5の評価条件に類似した活動，発表した児童がクラスに賛同の有無を問いかけ他の児童が即座に応答するルーティンでは，必ずしも「複数の意見を聴いて理解を深める」ことにつながらない危険性が示唆された。また，そもそもバリエーションのない規範的解法を2

度提示する条件では協調的説明活動の効果は限定的であることも示された。規範的解法を複数の児童が発表する場合，そのエッセンスを聴き取り適切な基準で比較できるならば理解が深まる可能性もあるが，聴き手のレディネスによってはむしろ手続き的な類似性の抽出に向かってしまうケースも存在しうる点に留意する必要がある。

5.3.2. 今後の課題

今後は，複数解法検討の効果の一般性およびそれをより強力に支援する方法を明らかにすることが課題となる。そのためには第1に，解法の組み合わせや提示の順序性がもちうる効果の検討が必要である。本書では一貫して，混み具合比較課題のひき算解法と単位あたり解法という解法の組み合わせを用いて研究を行った。他の題材や解法の組み合わせにおいても，本書の知見が一般化可能であるかを検討すべきである。第2に，説明途中の気づきを外化しやすくするツールの提案ができれば，本書で示唆された複数解法からのメカニズムをより駆動させることができるであろう。第3に，複数解法を検討して理解を深めるという学習行為と，学級内で形成されている明示的・暗黙的ルール（松尾・丸野，2007）との関係を検討することも重要であろう。例えば，望ましい話し合いのルールを言語的に教示しても，本書の研究3からも示唆されるように児童らが必ずしも使いこなせるとは限らない。他者から提案された解法について一人ひとりが説明することで実際に理解が深まる経験を保証し，この経験に伴い，漸進的に規範が獲得され，それがさらに教室での協調学習を支えるというような互恵的関係を視野に入れたアプローチが有効であろう。教室での協調学習理論と実践の深化のために，以上の課題を踏まえ，多様な解法からの学びとして起こりうる個人の認知過程をさらに明らかにする必要がある。

引用文献

Ainsworth, S.(2006). DeFT: A conceptual framework for considering learning with multiple representations. *Learning and Instruction*, 16, 183-198.
Bandura, A.(1965). Influence of models' reinforcement contingencies on the acquisition of imitative responses. *Journal of Personality and Social Psychology*, 1, 589-595.
Bransford, J. D., Franks, J. J., Vye, N. J., & Sherwood, R. D. (1989). New approaches to instruction: Because wisdom can't be told. In S. Vosniadou & A. Ortony (Eds.), *Similarity and analogical reasoning* (pp. 470-497). New York: Cambridge University Press.
Chi, M. T. H.,(2000). Self-explaining expository texts: The dual processes of generating inferences and repairing mental models. In R. Glaser(Ed.), *Advances in instructional psychology* (pp. 161-238). Hillsdale, NJ: Lawrence Erlbaum Associates.
Chi, M. T. H., Bassok, M., Lewis, M., Reimann, P., & Glaser, R.(1989). Self-explanations: How students study and use examples in learning to solve problems. *Cognitive Science*, 13, 145-182.
Chi, M. T. H., Roy, M., & Hausmann, R. G. M.(2008). Observing tutorial dialogues collaboratively: Insights about human tutoring effectiveness from vicarious learning. *Cognitive Science*, 32, 301-341.
Chi, M. T. H., Siler, S., Jeong, H., Yamauchi, T., & Hausmann, R.(2001). Learning from human tutoring. *Cognitive Science*, 25, 471-534.
Clement, J.(2008). The role of explanatory models in teaching for conceptual change. In S. Vosniadou(Ed.), *International handbook of research on conceptual change* (pp. 417-452). New York: Routledge.
Crowley, K., Shrager, J., & Siegler, R. S.(1997). Strategy discovery as a competitive negotiation between metacognitive and associative mechanisms. *Developmental Review*, 17, 462-489.
藤村宣之(1993). 児童期の比例概念の発達における領域固有性の検討. 教育心理学研究, 41, 115-124.
藤村宣之 (1997). 児童の数学的概念の理解に関する発達的研究：比例，内包量，乗除法概念の理解を中心に. 東京：風間書房.
藤村宣之・太田慶司 (2002). 算数授業は児童の方略をどのように変化させるか. 教育心理学研究, 50, 33-42.
銀林　浩 (1975). 量の世界—構造主義的分析. 東京：むぎ書房.
Große, C. S., & Renkl, A.(2006). Effects of multiple solution methods in mathematics learning. *Learning and Instruction*, 16, 122-138.
Große, C. S., & Renkl, A.(2007). Finding and fixing errors in worked examples: Can this foster learning outcomes? *Learning and Instruction*, 17, 612-634.

Hatano, G., & Inagaki, K. (1991). Sharing cognition through collective comprehension activity. In L. B. Resnick, J. M. Levine & S. D. Teasley (Eds.) *Perspective on socially shared cognition* (pp. 331-348). Washington, DC : American Psychological Association.

日野圭子（1998）．フォーマルな方法はいかに学ばれるか：ある5学年の教室から．筑波数学教育研究，**17**，115-126．

市川伸一（2008）．「教えて考えさせる授業」を創る―基礎基本の定着・深化・活用を促す「習得型」授業設計．東京：図書文化社．

一松　信（他39名）．（2005）．みんなと学ぶ小学校算数6年上．東京：学校図書．

生田淳一・丸野俊一（2005）．質問作りを中心とした指導による児童の授業中の質問生成活動の変化．日本教育工学会論文誌，**29**，577-586．

Inagaki, K., Hatano, G., & Morita, E. (1998). Construction of mathematical knowledge through whole-class discussion. *Learning and Instruction*, **8**, 503-526.

糸井秀夫・西尾恒敬（1977）．はみだしっ子が笑った．東京：あゆみ出版．

伊藤貴昭・垣花真一郎（2009）．説明はなぜ話者自身の理解を促すか：聞き手の有無が与える影響．教育心理学研究，**57**，86-98．

河﨑美保（2006）．算数授業において自分と異なる解法を聞くことの効果：規範解法が使われなくなった事例の分析．京都大学大学院教育学研究科紀要，**52**，427-439．

菊池乙夫（2006）．算数科「問題解決学習」に対する批判と提言：科学的数学教育の視点からその非教育性を告発する．東京：明治図書．

King, A. (1989). Effects of self-questioning training on college students' comprehension of lectures. *Contemporary Educational Psychology*, **14**, 366-381.

King, A. (1990). Enhancing peer interaction and learning in the classroom through reciprocal questioning. *American Educational Research Journal*, **27**, 664-687.

King, A. (1991). Improving lecture comprehension: Effects of a metacognitive strategy. *Applied Cognitive Psychology*, **5**, 331-346.

King, A. (1992). Comparison of self-questioning, summarizing, and notetaking-review as strategies for learning from lectures. *American Educational Research Journal*, **29**, 303-323.

King, A. (1994a). Guiding knowledge construction in the classroom: Effects of teaching children how to question and how to explain. *American Educational Research Journal*, **30**, 338-368.

King, A. (1994b). Autonomy and question asking: The role of personal control in guided student-generated questioning. *Learning and Individual Differences*, **6**, 163-185.

King, A., & Rosenshine, B. (1993). Effects of guided cooperative questioning on children's knowledge construction. *Journal of Experimental Education*, **61**, 127-148.

King, A., Staffieri, A., & Adelgais, A. (1998). Mutual peer tutoring: Effects of structuring tutorial interaction to scaffold peer learning. *Journal of Educational Psychology*, **90**, 134-152.

Koedinger, K. R., & Tabachneck, H. J. M. (1994). *Two strategies are better than one: Multiple strategy use in word problem solving*. Presented at the Annual meeting of the

American Educational Research Association, New Orleans, LA.
古藤 怜・新潟算数教育研究会(1992). 算数科：多様な考えの生かし方まとめ方．東京：東洋館出版社．
古藤 怜・新潟算数教育研究会（1998）．コミュニケーションで創る新しい算数学習―多様な考えの生かし方まとめ方―．東京：東洋館出版社．
麻柄啓一（1992）．内包量概念に関する児童の本質的なつまずきとその修正．教育心理学研究，40，20-28．
麻柄啓一（2001）．内包量に関する学習者の誤概念．科学教育研究，25，295-303．
Martin, T., & Schwartz, D. L.(2005). Physically distributed learning: Adapting and reinterpreting physical environments in the development of fraction concepts. *Cognitive Science*, 29, 587-625.
丸野俊一(2005)．授業の効果を上げる．高垣マユミ（編著）授業デザインの最前線(pp. 123-157)．京都：北大路書房．
村松賢一（2001）．対話能力を育む話すこと・聞くことの学習―理論と実践―．東京：明治図書．
松尾 剛・丸野俊一（2007）．子どもが主体的に考え，学び合う授業を熟練教師はいかに実現しているか―話し合いを支えるグラウンド・ルールの共有過程の分析を通じて―．教育心理学研究，55，93-105．
三宅なほみ・落合弘之・新木眞司．（1998）．Learning by doing 再訪：表象変化に対する言語化の効果．認知科学，5，57-68．
Miyake, N., Shiga, K., & Shirouzu, H.(2007). Developing question asking skills through collaboration. *Proceedings of the 29th meeting of the Cognitive Science Society (CogSci 2007)*, USA, 14.
三宅なほみ・白水 始（2003）．学習科学とテクノロジ．東京：放送大学教育振興会．
文部科学省（2002）．台形やひし形の面積の求め方を工夫しよう　第5学年「量と測定」．文部科学省　個に応じた指導に関する指導資料―発展的な学習や補充的な学習の推進―（小学校算数編）(pp. 85-92)．東京：教育出版．
文部省（1999）．小学校学習指導要領解説算数編．東京：東洋館出版社．
中原忠男（他25名）．（2006）．小学校算数6年上．大阪：大阪書籍．
中田基昭（1993）．授業の現象学．東京：東京大学出版会．
Pine, K. J., & Messer, D. J.(2000). The effect of explaining another's actions on children's implicit theories of balance. *Cognition and Instruction*, 18, 35-51.
Rittle-Johnson, B., & Star, J. R.(2007). Does comparing solution methods facilitate conceptual and procedural knowledge? An experimental study on learning to solve equations. *Journal of Educational Psychology*, 99, 561-574.
Rittle-Johnson, B., & Star, J. R.(2009). Compared to what? The effects of different comparisons on conceptual knowledge and procedural flexibility for equation solving. *Journal of Educational Psychology*, 101, 529-544.
Rittle-Johnson, B., Star, J. R., & Durkin, K.(2009). The importance of prior knowledge when comparing examples: Influences on conceptual and procedural knowledge of

equation solving. *Journal of Educational Psychology*, **101**, 836-852.

佐藤　学（2006）．学校の挑戦：学びの共同体を創る．東京：小学館．

Schwartz, D. L., & Bransford, J. D.(1998). A time for telling. *Cognition and Instruction*, **16**, 475-522.

Schwartz, D. L., Chase, C., Chin, D., & Oppezzo, M.(2009). *How direct instruction distracts students from processing similarities and differences and thereby undermining transfer.* Paper presented at the 13th Biennial Conference for Research on Learning and Instruction, Amsterdam, The Netherlands.

Schwartz, D. L., & Martin, T.(2004). Inventing to prepare for future learning: The hidden efficiency of encouraging original student production in statistics instruction. *Cognition and Instruction*, **22**, 129-184.

清水静海・船越俊介（他41名）．（2005）．わくわく算数6年上．大阪：啓林館．

白水　始（2004）．協調による理解深化過程の分析―多様な解がヴァリエーション足りうる時―．日本教育心理学会第46回総会発表論文集，689．

白水　始（2006）．教室の中での学習―協調による理解深化―．日本児童研究所（編）児童心理学の進歩2006年度版（pp. 85-111）．東京：金子書房．

白水　始（2008）．授業を『外』から見る―学習科学研究者による授業研究―．日本教育心理学会第50回総会発表論文集，s58-s59．

Shirouzu, H., Miyake, N., & Masukawa, H.(2002). Cognitively active externalization for situated reflection. *Cognitive Science*, **26**, 469-501.

Siegler, R. S.(1976). Three aspects of cognitive development. *Cognitive Psychology*, **8**, 481-520.

Siegler, R. S.(2002). Microgenetic studies of self-explanation. In N. Granott & J. Parziale (Eds.), *Microdevelopment* (pp. 31-58). New York: Cambridge University Press.

Siegler, R. S.(2006). Microgenetic analyses of learning. In W. Damon & R. M. Lerner (Series Eds.) & D. Kuhn & R. S. Siegler (Vol. Eds.), *Handbook of child psychology: Vol. 2. Cognition, perception, and language* (6th ed., pp. 464-510). Hoboken, NJ: Wiley.

Star, J. R., & Rittle-Johnson, B.(2009). It pays to compare: An experimental study on computational estimation. *Journal of Experimental Child Psychology*, **101**, 408-426.

Stigler, J. W., & Hiebert, J.(1999). *The teaching gap: Best ideas from the world's teachers for improving education in the classroom.* New York: The Free Press.（湊　三郎（訳）（2002）．日本の算数・数学教育に学べ：米国が注目する jugyou kenkyuu．東京：教育出版．）

Strom, D., Kemeny, V., Lehrer. R., & Forman, E.(2001). Visualizing the emergent structure of children's mathematical argument. *Cognitive Science*, **25**, 733-773.

杉山吉茂・飯高　茂・伊藤説朗（他39名）．（2005）．新編新しい算数6年上．東京：東京書籍．

Tabachneck, H. J. M., Koedinger, K. R., & Nathan, M. J.(1994). Toward a theoretical account of strategy use and sense-making in mathematics problem solving. In *Proceedings of the 16th Annual Conference of the Cognitive Science Society* (pp. 836-841).

Hillsdale, NJ: Erlbaum.
遠山　啓（1981）．量とはなにか—Ⅱ多次元量・微分積分．東京：太郎次郎社．
内田伸子（2004）．子どものコミュニケーション能力の発達とことばのカリキュラム：一次的ことば〜二次的ことば〜三次的ことばへ．秋田喜代美（編著），教職研修増刊：子どもたちのコミュニケーションを育てる：対話が生まれる授業づくり・学校づくり（pp. 19-24）．東京：教育開発研究所．
矢部俊昭・呉市立坪内小学校（2005）．「一人学び」をめざす新しい算数の学習．東京：明治図書．
山口友美（2008）．考えを伝え合う交流型学習　浅沼　茂（編）「活用型」学習をどう進めるか—表現力・思考力と知識活用能力をどう伸ばすか（pp. 52-55）．東京：教育開発研究所．

付　録

研究5，6で使用したポストテストにおける転移課題1

C君は、つぎの問題に図をかいて、2つの花だんのどちらのほうがこんでいるかを、くらべました。

> 東公園の花だんは、面積が3㎡で、7本の花がさいています。
> 西公園の花だんは、面積が5㎡で、10本の花がさいています。
> どちらの花だんのほうが、こんでいますか。

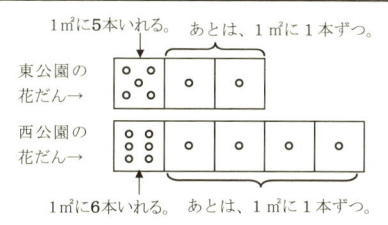

```
           1㎡に5本いれる。  あとは、1㎡に1本ずつ。
東公園の
 花だん→   [○○○][○][○]
           [○○ ]
西公園の   [○○○][○][○][○][○]
 花だん→   [○○○]
           ↑
           1㎡に6本いれる。  あとは、1㎡に1本ずつ。
```

C君は、図を見て、「西公園の花だんのほうがこんでいる」と答えを出しました。

しつもん

① C君の答えは正しいと思いますか？　1つだけ○でかこんでください。

　　　　ア．正しい　　　　　　　イ．正しくない

② そう思う理由を、式や言葉や図もつかって、かいてください。

（C君のかいた図にかきこみたかったら、自由にかきこんでください）

＜C君のかいた図＞

```
東公園の   [○○○][○][○]
 花だん→   [○○ ]

西公園の   [○○○][○][○][○][○]
 花だん→   [○○○]
```

研究5，6で使用したポストテストにおける転移課題2の掲示内容

花だん**A**に、花だん**A**と同じこみぐあいの
花だん**B**をくっつけました。
くっつける前の、花だん**A**とくらべて、
くっつけた後の、花だん全体の方が、
こんでいますか？、どうですか？

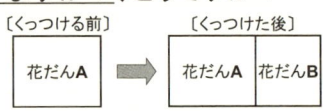

〔くっつける前〕　　〔くっつけた後〕
　花だんA　　➡　　花だんA｜花だんB

ア．くっつけた後の方が、こんでいる
イ．くっつけた後の方が、すいている
ウ．くっつける前と後で、かわらない
エ．計算しないと、わからない

研究5，6で使用したひき算解法の説明活動用ワークシート

問題
あさひ公園の花だんは、面積が5㎡で、25本の花がさいています。
みどり公園の花だんは、面積が7㎡で、28本の花がさいています。
どちらの花だんのほうが、こんでいますか。

A君のとき方で、どうして「あさひ公園のほうが、こんでいる」という答えが出るのかな？　図も使って考えよう。
「A君のかいた図」にかきこみたいことがあったら、自由にかきこんでください。

〔A君のかいた図〕

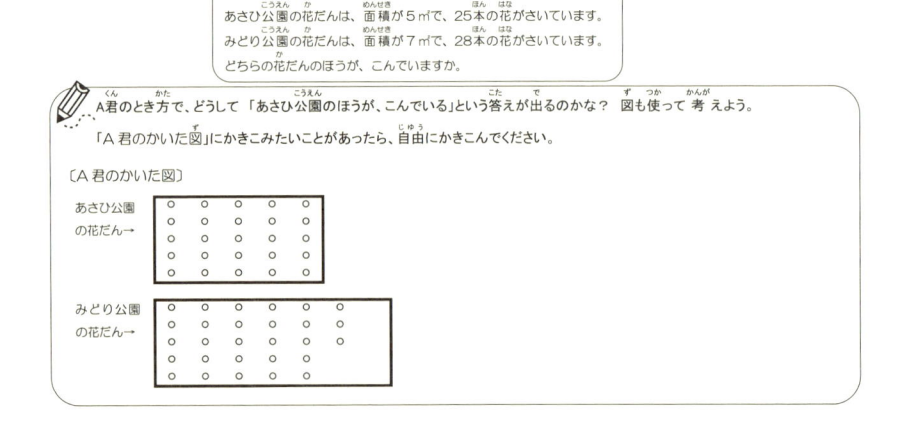

あさひ公園
の花だん→

みどり公園
の花だん→

付　録　129

研究5，6で使用した単位あたり解法の説明活動用ワークシート

問題
あさひ公園の花だんは，面積が5㎡で，25本の花がさいています。
みどり公園の花だんは，面積が7㎡で，28本の花がさいています。
どちらの花だんのほうが，こんでいますか。

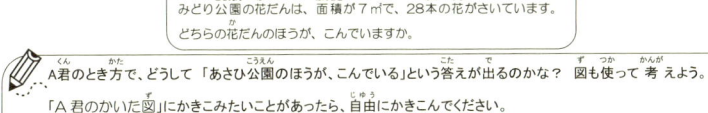

A君のとき方で，どうして「あさひ公園のほうが，こんでいる」という答えが出るのかな？　図も使って考えよう。
「A君のかいた図」にかきこみたいことがあったら，自由にかきこんでください。

〔A君のかいた図〕

あさひ公園
の花だん→

みどり公園
の花だん→

研究5で使用した評価活動用ワークシート

A君が発表で言っていたことを，なるべくぜんぶ思い出して，かいてみてください。

A君の考え方が，あなたはどのくらい わかりましたか？（1つに ○を つける）
〔　とてもわかった　　だいたいわかった　　あまりわからなかった　　まったくわからなかった　〕

A君の考え方で，どのくらい 正しい答えが出せる と思いますか？（1つに ○を つける）
〔　とても正しい　　だいたい正しい　　あまり正しくない　　まったく正しくない　〕

A君の考え方を，あなたはどのくらい 使いたいですか？（1つに ○を つける）
〔　とても使いたい　　少し使いたい　　あまり使いたくない　　まったく使いたくない　〕

本書と公刊論文の対応

本書の各章は，以下の論文と対応している。ただし，本書の執筆にあたり，加筆・修正を行った。

第1章　未発表
第2章
　第2節　研究1：河﨑美保（2010）．誤解法聴取による正解法理解促進効果：小学5年生の算数授業場面における検討．発達心理学研究，21，12-22．
　第3節　研究2：河﨑美保（2007）．算数文章題の解法発表を聞く能力：他者発言の再生・評価と理解変化の関係．京都大学大学院教育学研究科紀要，53，338-351．
第3章
　第2節　研究3：未発表
　第3節　研究4：未発表
　第4節　研究5：河﨑美保・白水　始（2011）．算数文章題の解法学習に対する複数解法説明活動の効果：混み具合比較課題を用いて．教育心理学研究，59，13-26．
第4章
　第2節　研究6：河﨑美保・白水　始（2011）．算数文章題の解法学習に対する複数解法説明活動の効果：混み具合比較課題を用いて．教育心理学研究，59，13-26．
第5章　未発表

あとがき

　本書は，筆者が2011年3月に京都大学大学院教育学研究科に提出した博士論文「複数解法提示による算数の学習促進効果に関する研究」をもとに，独立行政法人日本学術振興会平成24年度科学研究費補助金（研究成果公開促進費），および2012年度追手門学院大学研究成果刊行助成金の交付を受けて刊行するものである。

　授業で起こる学習プロセスに興味をもったきっかけの1つは，学部生の頃，演習で小学校の授業を参観したことであった。1つの問題を巡って教師と多くの児童の発言が連なり授業は展開する。自分が発言していないとき，つまり，他者の発言を「いかに聴いているか」が学習の質に影響していると考えられた。発言を追うだけではとらえられないプロセスを教育心理学的な手法によって明らかにしたいと思った。そこで卒業論文では授業中の他者の発言の記憶を授業終了時に再生してもらい，再生内容と学習の質との関連を検討した。

　引き続き，修士課程では，他者の発言の中の「非規範的な解法の発表」に焦点を当て，研究を行った。しかし，思うように研究が進展しない時期は長かった。他者の発言を「いかに聴いているか」と学習内容への「理解度」とが切り分けがたく，これは方法の改善によって克服されねばならないと考えていたためである。博士後期課程に進み，研究を重ねるに従い，他者の発言を聴き理解を深めること自体が困難な行為であるという見方をとることができるようになると，単に研究手法の問題によって存在しているプロセスを取り出せないのではなく，他者の発言を聴き理解を深めるプロセス自体が起き難く，支援方法の解明が必要とされていると考えられるようになった。

　このようにして「いかに聴いているか」を取り出そうとした研究は，聞いた内容について他者と「話し合う」という構成的な活動を求める研究へと展開した。これは一見，当初の研究目的と離れることのようでもある。しかし，学習者を支援しながら質の高い学習プロセスを引き起こすことによって，そこで得

られたデータと知見が以前の研究の結果を捉え直す枠組みとなり，博士論文の執筆へとつながったと考えている。

　本書に収めた研究は，京都大学大学院教育学研究科教育認知心理学講座に在籍した2003年～2008年に実施した研究を中心としている。研究の計画・実施から本書の執筆に至るまで，多くの方にご支援をいただいた。記して感謝申し上げたい。

　指導教員である京都大学大学院教育学研究科の子安増生先生には，筆者が京都大学教育学部で心理学を学び始めた頃より，教育心理学の講義や演習，研究会を通じて，数多くのことを教えていただいた。卒業論文の研究計画の際には，なぜ児童を対象とした研究を行うのかを深く考えるようご指導いただいた。教育の実践の場である小学校の教室に赴き，貴重な学習時間の中，先生方，児童の皆さんに研究に協力していただくことの重大さを肝に銘じつつ，初志を貫き，研究を重ねることができた。心より感謝申し上げたい。

　同研究科教育認知心理学講座の吉川左紀子先生，楠見孝先生，齊藤智先生には，授業や大学院コロキアムなどにおいて数々のご助言・ご指導をいただいた。また，教育方法学講座の田中耕治先生，西岡加名恵先生には，講座を越えて小学校との協同授業研究や検討会に参加させていただいた。京都大学高等教育研究開発推進センターの松下佳代先生には，大規模学力調査研究のデータ分析に参加する機会をいただき，1枚の答案から子どもたちの豊かな思考を丁寧に読み取る面白さを学ばせていただいた。中京大学情報理工学部の白水始先生（現所属：国立教育政策研究所）には，筆者が初めて学会発表を行った日本教育心理学会第46回総会において，卒業論文の内容にコメントをいただいてより，博士論文の執筆に至るまで大変お世話になった。質の高い学びを引き起こし，つぶさにデータを見る学習研究への興味と意欲をかき立てていただいた。2006年には，21世紀COEプログラム「心の働きの総合的研究教育拠点」の大学院生交流事業の助成を受け，追手門学院大学の落合正行先生にご紹介いただき，Carnegie Mellon大学（アメリカ，ピッツバーグ）のRobert Siegler先生の研究室にvisiting studentとして受け入れていただいた。ご指導をいただいた多くの先生方に心より感謝申し上げたい。

　本書の研究には，多くの小学校の先生方，児童の皆さんにご協力いただいた。

泉裕幸先生，辻井勝先生，石田龍郎先生，中森美幸先生，若松秀一先生，羽田寿先生，赤井悟先生，宇野千鶴子先生，石原峰子先生，木村朋広先生，宮田勝行先生，調査にご協力いただいた各学級の先生方，および児童の皆さんに厚く御礼申し上げたい。

　大学院では，多くの先輩・後輩や仲間に恵まれた。特に，論文執筆の際にご指導いただいた山縣宏美さん（西日本工業大学），金田茂裕さん（東洋大学），林創さん（岡山大学），中本敬子さん（文教大学），同期として互いに励まし合った小川絢子さん（名古屋短期大学），田中優子さん（Stevens Institute of Technology），毛利真介さんには大変お世話になった。また，河野麻沙美さん（東京大学），松尾剛さん（福岡教育大学），佐藤誠子さん（東北大学）には，学会での研究交流を通じ多くの刺激を得た。記して感謝申し上げたい。

　本書の刊行にあたっては，ナカニシヤ出版の宍倉由高さんと山本あかねさんに多大なご尽力をいただいた。心より御礼申し上げたい。

　最後に，これまでの学生・研究生活を見守ってくれた家族に感謝したい。

2013年　2月

河﨑　美保

事項索引

あ
一対多のコミュニケーション・スタイル　15
インフォーマルな解法　3
遠転移　7
教えて考えさせる授業　76

か
外延量　16
外化　77
概念　10
解法発見モデル　4
解法変化の漸進性　35
学習科学　79
仮説実験授業　3
関係表象過程　15
観察学習　37
聴く力尺度　38
疑問感　53
既有知識　7
強化　10
協調学習　75
協同観察　12
近転移　7
均等分布　74
言語化　37

さ
自己説明（self-explanation）　13, 66
質問生成　53
社会的学習理論　36
自力解決　2
説明活動　66
操作　4

た
代理強化　36
代理　37
単位あたり解法　15, 77
単位量あたりの大きさ　14
定性的　16
定量的　16
適性処遇交互作用　7
手続き　10
転移課題　81

な
内外相互作用　110
内包量　14
　　——の保存性　74
　　——比較　15
認知資源　37
認知負荷　8
練り上げ　2
能動的な観察（active observing）　12

は
バリエーションの集積・共有・吟味　75
比較過程　15
ひき算解法　16, 77
非規範的解法　3
複数解法　3
　　——提示の学習促進効果　4
分解（decompose）　4
分節化　79

ま

密度　79
メタ認知　10
モニタリング　10
模倣　36

ら

レディネス　53
連合　10

人名索引

A
Adelgais, A.　12
Ainsworth, S.　4, 5
新木眞司　37

B
Bandura, A.　36
Bassok, M.　13
Bransford, J. D.　3, 119

C
Chase, C.　79
Chi, M. T. H.　11-14, 38, 59, 64, 66, 73, 98, 99, 110, 115, 116
Chin, D.　79
Clement, J.　79
Crowley, K.　4, 6, 10, 13, 21, 76, 113, 115

D
Durkin, K.　3, 5

F
Forman, E.　39
Franks, J. J.　3
藤村宣之　14-16, 22, 25, 76, 77, 79, 93

G
銀林浩　15
Glaser, R.　13
Große, C. S.　3-11, 13, 35, 75, 113

H
Hatano, G.　3, 39
Hausmann, R.　11, 12
Hiebert, J.　2, 11, 75
日野圭子　15, 16, 22, 77

I
市川伸一　76
一松信　15
生田淳一　53
Inagaki, K.　3, 39
糸井秀夫　2, 112
伊藤貴昭　14, 94, 98, 99, 110, 117

J
Jeong, H.　11

K
垣花真一郎　14, 94, 98, 99, 110, 117

河﨑美保　　16, 22, 78
Kemeny, V.　　39
菊池乙夫　　2, 35, 52-54, 58, 75,
　　　93, 114
King, A.　　12, 14, 59, 64, 115
Koedinger, K. R.　　5
古藤　怜　　11, 112

L
Lehrer, R.　　39
Lewis, M.　　13

M
麻柄啓一　　73, 74, 79, 82
Martin, T.　　79, 119
丸野俊一　　38, 39, 53, 54, 61, 120
Masukawa, H.　　37
松尾　剛　　120
Messer, D. J.　　37
Miyake, N.　　14, 37, 98, 99, 110, 116
三宅ほなみ　　37, 75
Morita, E.　　3
村松賢一　　54, 58, 61, 114

N
中原忠男　　15
中田基昭　　15, 36
Nathan, M. J.　　5
西尾恒敬　　2, 112

O
落合弘之　　37
太田慶司　　16, 25, 76, 77, 93
Oppezzo, M.　　79

P
Pine, K. J.　　37

R
Reimann, P.　　13
Renkl, A.　　3-9, 11, 13, 35, 75, 113
Rittle-Johnson, B.　　3-6, 30
Rosenshine, B.　　12
Roy, M.　　12

S
佐藤　学　　11, 75, 77, 112
Schwartz, D. L.　　79, 119
Sherwood, R. D.　　3
Shiga, K.　　14
清水静海　　15
白水　始（Shirouzu, H.）　　11, 14, 37,
　　　39, 40, 75, 112
Shrager, J.　　4
Siegler, R. S.　　3-10, 15, 16, 20, 21,
　　　34, 35, 113
Siler, S.　　11
Staffieri, A.　　12
Star, J. R.　　3-6
Stigler, J. W.　　2, 11, 75
Strom, D.　　39
杉山吉茂　　15

T
Tabachneck, H. J. M.　　5
遠山　啓　　15

U
内田伸子　　15

V
Vye, N. J.　　3

Y
矢部俊昭　　76
山口友美　　13, 73, 77, 115
Yamauchi, T.　　11

【著者紹介】
河﨑美保（かわさき・みほ）
追手門学院大学心理学部専任講師
京都大学大学院教育学研究科博士後期課程修了
博士（教育学）
主著に，『ワードマップ認知的個性―違いが活きる学びと支援―』（分担執筆，新曜社，2010），『発達と学び―乳幼児から児童期の発達心理学―』（分担執筆，北大路書房，2013）など。

複数解法提示による算数の学習促進効果
混み具合比較課題を用いて

2013年2月20日　　初版第1刷発行　　（定価はカヴァーに表示してあります）

著　者　河﨑　美保
発行者　中西　健夫
発行所　株式会社ナカニシヤ出版
〒606-8161　京都市左京区一乗寺木ノ本町15番地
　　　　　　　　　　Telephone　075-723-0111
　　　　　　　　　　Facsimile　075-723-0095
　　　　　Website　http://www.nakanishiya.co.jp/
　　　　　Email　iihon-ippai@nakanishiya.co.jp
　　　　　　　　　郵便振替　01030-0-13128

装幀＝白沢　正／印刷・製本＝西濃印刷㈱
Printed in Japan.
Copyright © 2013 by M. Kawasaki
ISBN978-4-7795-0727-4

◎本書のコピー，スキャン，デジタル化等の無断複製は著作権法上での例外を除き禁じられています。本書を代行業者等の第三者に依頼してスキャンやデジタル化することはたとえ個人や家庭内の利用であっても著作権法上認められておりません。